reinhardt

Vassilia Triarchi-Herrmann

Mehrsprachige Erziehung

Wie Sie Ihr Kind fördern

3., überarbeitete Auflage

Ernst Reinhardt Verlag München Basel

Inhalt

Vorwort

„Wie sollen wir uns verhalten – welche Sprache soll jeder von uns mit unserer Sarah sprechen, damit sie unsere Sprachen lernen kann? Sie soll aber auch Deutsch gut sprechen können. Sie wird nämlich später eine deutsche Schule besuchen. Glauben Sie, dass wir sie überfordern?", fragte mich die Mutter eines zwei Monate alten Mädchens. Sie selbst ist Spanierin, ihr Mann Italiener. Untereinander sprechen die beiden Englisch, planen jedoch, für immer in Deutschland zu bleiben.

Als ich vor ungefähr neun Jahren anfing, dieses Buch zu schreiben, war mir klar, dass die Mehrsprachigkeit in allen gesellschaftlichen Bereichen immer mehr an Bedeutung gewinnen würde. (Die Begriffe „Zweisprachigkeit", „Bilingualismus" und „Mehrsprachigkeit" werden im vorliegenden Buch synonym verwendet.) Ich hatte auch zu dieser Zeit keine Zweifel, dass die Zahl der Familien, die sich entscheiden, ihre Kinder mehrsprachig zu erziehen, stetig wachsen würde. Ich muss jedoch zugestehen, dass es mir damals noch nicht ganz klar war, dass Lebensbedingungen von mehrsprachigen Kindern wie die der kleinen Sarah in der heutigen globalisierten Gesellschaft immer häufiger werden. Bei mehr als 84 % der Beratungsfälle, mit denen ich mich in den letzten drei Jahren befasst habe, handelte es sich um Kinder, die mit drei oder vier, manchmal sogar mit fünf Sprachen von Geburt an aufwachsen. Dies sind Familienkonstellationen, die nicht selten zusätzliche Unsicherheiten und Ängste bei den betreffenden Eltern verursachen können.

Wenn auch die mehrsprachige Erziehung heute unter unterschiedlichen Bedingungen stattfindet, sind viele der Wünsche und Ängste von Eltern ähnlich. Bei jedem Beratungsgespräch höre ich von Eltern als erstes den Wunsch, ihre Kinder sollten die Muttersprache jedes Elternteils gut sprechen können, und gleichzeitig auch die Umgebungssprache gut beherrschen, damit sie den Kindergarten und später die Schule meistern und Freundschaften mit anderen Kindern schließen können.

Genauso wichtig ist es für sie, dass ihre Kinder sich in den sie betreffenden Kulturen zuhause fühlen. Häufig sind Eltern sich jedoch unsicher, ob sie sich im einen oder anderen Fall richtig verhalten. Insbesondere, wenn Schwierigkeiten oder Probleme auftauchen, wenn z.B. ihre Kinder sich nicht so ausdrücken können, wie andere ein- oder mehrsprachige gleichaltrige Kinder, wollen sie die Meinung von Experten hören bzw. lesen. Häufig stelle ich auch fest, dass sie nicht nur nach konkreten Hinweisen, Tipps und Fördermaterialien fragen. Ebenso suchen sie nach Bestätigung – für das, was sie täglich tun oder für das, was sie für richtig empfinden oder vorhaben.

Alle diese Bedürfnisse, Erwartungen, Unsicherheiten und Ängste, die bei der Erziehung und Förderung von mehrsprachigen Kindern auftauchen können, werden auch in der neuen Auflage des vorliegenden Ratgebers besprochen. Durch Berichte von Eltern, Erziehern und Lehrkräften mehrsprachiger Kinder und auch durch meine eigenen Erfahrungen hat sich vieles von dem, was in den früheren Auflagen zu lesen war, immer wieder bestätigt. Aktuelle Untersuchungsbefunde zur simultanen mehrsprachigen Sprachentwicklung bzw. zum Zweitspracherwerb und neue Erkenntnisse, die ich bei Beratungsgesprächen oder im Umgang mit mehrsprachigen Kindern bzw. Erwachsenen – aber auch bei der Sichtung neuer Fachliteratur – gewonnen habe, fließen in den Text mit ein. Eine Reihe von in den letzten Jahren erschienenen Büchern zu dieser Thematik ist im „Serviceteil" des Buches zu finden. Hier sind auch nützliche Links aufgelistet, wie z.B. Links zu mehrsprachigen Büchern, Märchen, Geschichten,

Versen, Liedern, Spielen aus aller Welt und zu Materialien zur mehrsprachigen Erziehung sowie Links zu Beratungsstellen für Mehrsprachigkeit, bei denen man Antworten auf Fragen zur mehrsprachigen Erziehung erhalten kann.

Im ersten Kapitel des Buches werden grundlegende Fragen und Begriffe zum Phänomen der Mehrsprachigkeit auch anhand von konkreten Beispielen besprochen und erläutert.

Die Frage, wie ein Kind zwei oder mehr Sprachen bereits von Geburt an erwerben kann, wird uns im zweiten Kapitel beschäftigen. Es soll dabei auf die Rahmenbedingungen und die Phasen der Sprachentwicklung im Allgemeinen eingegangen werden, wobei die Besonderheiten des simultanen Spracherwerbs hervorgehoben werden sollen.

Welche Verzögerungen bzw. Störungen können bei einer mehrsprachigen Sprachentwicklung auftreten? Kann eine Sprachstörung durch Zwei- oder Mehrsprachigkeit hervorgerufen werden? Was sollte man tun, wenn das eine oder das andere besondere Sprachverhalten auftritt? Diesen Fragen widme ich mich im dritten Kapitel.

Der Einfluss der Mehrsprachigkeit auf die kindliche Entwicklung bildet schließlich den thematischen Rahmen des vierten Kapitels. Anhand von Forschungsbefunden, theoretischen Ansätzen und persönlichen Erfahrungen werden z.B. die Fragen diskutiert: Überfordert eine mehrsprachige Erziehung das Kleinkind? Wovon hängt der Entwicklungsverlauf eines mehrsprachigen Kindes ab?

Im letzten Kapitel gehe ich dann auf Fragen ein, die im täglichen Umgang mit dem mehrsprachigen Kind auftauchen können.

Anhand von fünf ‚Prinzipien' werden vielfältige Anregungen, Warnungen, Hinweise, Tipps und Ratschläge für Eltern zusammengestellt. Dadurch können Sie Ihr Kind nicht nur beim Erwerb der Sprachen aus seiner Umgebung, sondern genauso in seiner Gesamtentwicklung und in der Entfaltung seiner Persönlichkeit unterstützen.

Allen, die dieses Buch als Begleiter auf dem Weg zur Mehrsprachigkeit gewählt haben, wünsche ich viel Freude, spannende und wunderschöne Erlebnisse und vor allem Gelassenheit bei all den Aufregungen, die unterwegs immer wieder auftauchen können.

München, im September 2011
Vassilia Triarchi-Herrmann

Grundlagen zur Mehrsprachigkeit

Viele Kinder wachsen mehrsprachig auf – ihre Eltern stellen sich viele Fragen. In diesem Kapitel werden theoretische Hintergründe und Praxisbeispiele zu grundlegenden Fragestellungen bei einer mehrsprachigen Erziehung dargestellt und diskutiert.

1

Mehrsprachigkeit, ein altes Phänomen?

Bevor wir auf die Frage eingehen, was Mehrsprachigkeit genau bedeutet, möchte ich gemeinsam mit Ihnen zurückblicken und das Phänomen der Mehrsprachigkeit bzw. Zweisprachigkeit in seinem Ursprung betrachten. Bei dieser historischen Reise lässt sich schnell feststellen, dass Zweisprachigkeit fast genauso alt ist wie die Entwicklung der Sprache überhaupt. Das Bedürfnis des Menschen, mit Anderssprachigen in Kontakt zu kommen, mit ihnen Freundschaft zu schließen, Handel zu treiben und zu kommunizieren, war für ihn schon immer von großer Bedeutung.

Zweisprachigkeit gibt es schon sehr lange.

Schon ungefähr 4000 Jahre vor Christus, bei den Akkadern und Sumerern, sind die ersten zweisprachigen Menschen anzutreffen. Nachdem die Sumerer von den Akkadern erobert wurden, wurden sogar die ersten zweisprachigen Lexika geschrieben. In dieser Zeit gab es in Babylonien und Assyrien die ersten königlichen Sprachschulen, in denen man innerhalb von drei Jahren eine Zweitsprache lernen konnte. Im alten Testament sind diesbezüglich interessante Geschichten von zweisprachigen Personen bzw. Völkergruppen zu finden (so z.B. die Geschichte des Turmbaus von Babel). Diese Geschichten stellen die sprachlichen Missverständnisse zwischen den Menschen in einer mehrsprachigen Gesellschaft sehr plastisch dar.

In der Antike konnten die alten Griechen außer den verschiedenen griechischen Dialekten andere Sprachen, z.B. Phönizisch, Ägyptisch oder Persisch sprechen. Und nachdem Alexander der Große das griechische Imperium gründete, wurde das Griechische für viele Völker Asiens zu einer Art Zweitsprache.

Dasselbe galt im Römischen Imperium für Latein. In den meisten von Römern besetzten Ländern konnte ein Teil der Bevölkerung Latein sprechen. Es wird aber auch berichtet, dass römische Kinder Griechisch als Zweitsprache lernen mussten. Zweisprachige Schulen gab es nicht nur für Kinder der gehobenen Klasse, sondern auch für Kinder der Mittelklasse. Die griechische Sprache war also für die damalige literarische und politische Welt nach wie vor sehr wichtig. In einigen Ländern, wie z.B. in Ägypten oder in Israel, waren sogar drei Sprachen (die jeweilige Landessprache, Latein und Griechisch) üblich.

Mehrere Sprachen zu beherrschen war schon früher vorteilhaft.

In den darauf folgenden historischen Epochen finden sich ebenso unzählige, interessante Beispiele, die das Erscheinungsbild einer Zwei- oder Mehrsprachigkeit bei einzelnen Menschen oder Völkergruppen bestätigen bzw. beschreiben. Wir wollen unsere Reise in die Vergangenheit nicht weiterführen. Eines bleibt an dieser Stelle festzuhalten: Zwei oder mehr Sprachen zu beherrschen war für die Menschen schon immer eine Notwendigkeit bzw. eine Selbstverständlichkeit und brachte Vorteile und Ansehen mit sich.

Was ist Mehrsprachigkeit?

Wann ist eine Person mehrsprachig?

Haben Sie sich schon einmal gefragt, was für Sie Mehrsprachigkeit bedeutet oder wann Sie eine Person als mehrsprachig bezeichnen würden? Ein Blick in die Fachliteratur zeigt, dass die Wissenschaftler sich diesbezüglich nicht einig sind. Es gibt eine Vielzahl von Definitionen, die sich mitunter widersprechen. Jede Definition betont andere Aspekte und Merkmale der Mehrsprachigkeit, wie beispielsweise den Grad der Sprachbeherrschung oder die Funktion der Zweit- oder Dirttsprache.

Eines ist klar: Mehrsprachigkeit ist eine natürliche Erscheinung, die automatisch zustande kommt, wenn sich zwei oder mehr Personen, die verschiedene Sprachen sprechen, untereinander verständigen wollen. Voraussetzung ist dabei, dass mindestens einer der Sprecher über Kenntnisse der Sprache des / der anderen Sprecher(s) verfügt. Welche Gründe veranlassen aber die Menschen, eine fremde Sprache zu erlernen?

- Sie können **politisch** sein, wenn eine sprachliche Minderheit, die in Grenzgebieten lebt, an eine anderssprachige Mehrheit angeschlossen wird. Als charakteristisches Beispiel können wir hier die deutschsprachigen Südtiroler in Italien anführen.
- Zu einer Zwei- bzw. Mehrsprachigkeit können auch **sozio-ökonomische** Gründe führen. So, wenn eine sprachliche Minderheit, wie z.B. Türken oder Griechen, aufgrund ihrer Arbeitsstelle in einem für sie fremdsprachigen Land wie Deutschland lebt.
- Sehr oft finden sich auch **persönliche** Gründe bei einer Zwei- bzw. Mehrsprachigkeit: Eine Person will in einem anderen Land studieren oder möchte aus unterschiedlichen Gründen dort leben.

Wie definiert man aber Zwei- bzw. Mehrsprachigkeit? Man kann z.B. einfach sagen: Zwei- bzw. Mehrsprachigkeit ist die wahlweise Verwendung von zwei oder mehr Sprachen durch eine Person (Macky, zit. in: Triarchi 1983). Man könnte aber auch bei der Definition eine Reihe von Merkmalen der Sprachbeherrschung berücksichtigen und dabei relativ hohe Ansprüche an den Grad der Sprachbeherrschung stellen: „Unter Zweisprachigkeit ist die Zugehörigkeit eines Menschen zu zwei Sprachgemeinschaften zu verstehen, in dem Grade, dass Zweifel darüber bestehen können, zu welcher der beiden Sprachen das Verhältnis enger ist oder welche als Muttersprache zu bezeichnen ist oder mit größerer Leichtigkeit gehandhabt wird oder in welcher man denkt“ (Blocher, zit. in: Fthenakis et al. 1985).

Mehrsprachigkeit lässt sich unterschiedlich definieren.

Wer ist also zwei- bzw. mehrsprachig? Es gibt Wissenschaftler, für die ist jede Person zweisprachig, die mindestens einige Wörter in einer anderen Sprache kennt (Macnamara, zit. in: Triarchi 1983). Nach dieser Definition wären eigentlich fast alle Menschen auf der Welt zwei- oder sogar mehrsprachig. Andere wieder erwarten von einer zweisprachigen Person, dass sie über eine muttersprachliche Kompetenz verfügt, dass also jemand zwei Sprachen so gut beherrscht, als ob sie seine Muttersprachen wären (laut Bloomfield, zit. in: Triarchi 1983). Nach diesem Kriterium wäre die Zahl der zweisprachigen Personen auf der Welt relativ gering.

Was ist Mehrsprachigkeit?

Für mich ist eine Person mehrsprachig, wenn sie über die Fähigkeit verfügt, sich ohne größere Schwierigkeiten in zwei oder mehr Sprachen mündlich oder auch schriftlich ausdrücken zu können. Diese Fähigkeit muss sie aufgrund ihrer eigenen psychischen, emotionalen und soziokulturellen Voraussetzungen sowie durch den ständigen und intensiven Kontakt mit einer mehrsprachigen Umgebung entwickelt haben.

Zwei- oder Mehrsprachigkeit findet eigentlich in jeder Situation statt, in der sich ein Individuum abwechselnd in zwei oder mehr Sprachen mündlich oder auch schriftlich sinnvoll und ohne große Schwierigkeiten äußern kann (siehe Triarchi 1983). Die folgenden Beispiele sollen verdeutlichen, wann man von einer Zweisprachigkeit sprechen kann und wann nicht:

Beispiel

Elena ist mit 19 Jahren aus Brasilien nach München gekommen. Sie wollte an der Universität Psychologie studieren. Am Anfang besuchte sie für zehn Monate einen Deutsch-Intensivkurs, den sie mit Erfolg abschloss. Nach ihrem Studium heiratete sie einen Kommilitonen und lebt und arbeitet seitdem in München. Als Zweisprachige erlebt und bewältigt sie mit Erfolg jeden Tag in der Familie und bei der Arbeit zweisprachige Situationen.

Selma kam mit 19 Jahren aus der Türkei nach München und heiratete Sefer, der seit vielen Jahren in München lebt und arbeitet. Inzwischen sind 15 Jahre vergangen und sie haben drei Kinder, die in eine deutsche Schule gehen. Selma hat Schwierigkeiten, sich mit den deutschen Lehrern ihrer Kinder zu unterhalten. Sie versteht zwar das meiste von dem, was die Lehrer zu ihr sagen. Sie selbst kann aber nur gebrochen Deutsch. Obwohl Selma seit 15 Jahren in München lebt, ist sie nicht zweisprachig, weil sie nicht täglich zweisprachige Situationen erlebt. Sie spricht mit ihrem Mann, den Kindern und ihren türkischen Verwandten und Freunden fast ausschließlich Türkisch.

Mehrsprachigkeit – eine besondere Sprachfähigkeit?

An diesem Punkt möchte ich die **beiden grundlegenden Eigenschaften** der mehrsprachigen Fähigkeit verdeutlichen. Wenn Sie es als Eltern, als Pädagogen oder Pädagoginnen mit mehrsprachigen Kindern zu tun haben, dürfen Sie Folgendes nicht vergessen:

Bei der Fähigkeit, zwei oder mehrere Sprachen zu sprechen, handelt es sich erstens um ein Kontinuum: Diese Fähigkeit entwickelt sich ständig weiter, die Entwicklungsprozesse können nie vollständig abgeschlossen werden.

Die Sprachkompetenz mehrsprachiger Personen

Die meisten mehrsprachigen Personen erreichen nicht in allen ihren Sprachen ein Niveau, das demjenigen eines Einsprachigen entspricht. Manche erreichen dieses Niveau in der einen Sprache, die dann als dominante Sprache bezeichnet wird, und ein niedrigeres Niveau in den anderen, die als schwache Sprachen bezeichnet werden.

Die Sprachkompetenz einer mehrsprachigen Person bildet eine eigene Ganzheit. Sie entsteht zwar aus den sprachlichen Elementen der konkreten Sprachen, aber in einer einzigartigen individuellen Verbindung.

Welche von den betreffenden Sprachen die dominante sein wird, hängt von einer Reihe von Faktoren ab.

Die Sprachfähigkeit einer mehrsprachigen Person ist zweitens nie das Ergebnis der Addition der Fertigkeiten von mehreren Einsprachigen. Deshalb sollte man die Sprachfähigkeiten eines Mehrsprachigen nicht mit denen eines Einsprachigen vergleichen.

Verschiedene Arten von Mehrsprachigkeit

Jedes Kind lernt in seinen ersten Lebensjahren seine Muttersprache, seine Erstsprache, die nicht nur seine kognitive und emotionale Entwicklung beeinflusst, sondern auch eine zentrale Rolle bei seiner Sozialisierung spielt. Es gibt aber auch Fälle, bei denen das Kind nicht nur eine Sprache lernt, sondern zwei, drei oder vielleicht sogar mehr. Manchmal werden die zwei oder mehreren Sprachen von Geburt an gleichzeitig gelernt, manchmal zuerst die eine und später, nach drei Jahren oder sogar noch später, die anderen. Auch die Art und Weise, wie jemand die mehrsprachige Fähigkeit erwirbt, kann sehr unterschiedlich sein.

Es gibt viele Wege zur Mehrsprachigkeit.

Es gibt also eine Reihe von Möglichkeiten, die mehrsprachige Sprachkompetenz zu erwerben. Darüber hinaus kann auch der Einfluss der Mehrsprachigkeit auf die kindliche Entwicklung ebenfalls verschieden sein. Damit Sie einen besseren Überblick über alle diese Formen der Mehrsprachigkeit erhalten, werde ich sie in Gruppen einordnen. Dabei sind folgende Kriterien behilflich:

- **Die Spracherwerbskriterien: Alter und Art des Erwerbs der verschiedenen Sprachen:** Wann und wie hat das mehrsprachige Kind seine Sprachen erworben?
- **die sozio-psychologischen Kriterien:** die Auswirkung der Mehrsprachigkeit auf die sprachliche und emotionale Entwicklung sowie auf die Denkentwicklung des mehrsprachigen Kindes

Simultane und sukzessive Mehrsprachigkeit

In der erstgenannten Gruppe unterscheiden wir aufgrund des Alters zwischen der simultanen (simultan = gleichzeitig) und der sukzessiven (sukzessiv = nacheinander) Mehrsprachigkeit (siehe Abbildung S. 20). Wann liegt eine **simultane Mehrsprachigkeit** vor, die man auch als **echte Mehrsprachigkeit** bezeichnet? Ganz einfach, wenn ein Kind von Geburt an zwei oder mehrere Sprachen gleichzeitig erwirbt – so wie Elpida:

Beispiel

Elpidas Mutter ist Deutsche und der Vater Grieche. Der Vater studierte in München Architektur und lernte während des Studiums seine Frau kennen, die auch dasselbe Fach studierte. Elpida kam am Ende des Studiums beider Eltern auf die Welt. Die Familie lebt in Deutschland. Von Geburt an genoss Elpida eine bewusste zweisprachige Erziehung: Der Vater sprach nur Griechisch mit ihr und die Mutter nur Deutsch.

Die **sukzessive Mehrsprachigkeit** liegt vor, wenn der Erwerb der zweiten oder dritten Sprache in einem Alter erfolgt, in dem die Erstsprache schon einigermaßen etabliert ist, d.h. nach dem dritten Lebensjahr. Die Zweitsprache wird also nach der Erstsprache erworben – so wie bei Manuela:

Beispiel

Manuela geht in die dritte Klasse einer deutschen Grundschule in Hamburg. Beide Eltern sind Italiener. Der Vater arbeitet als Jurist im italienischen Generalkonsulat in Hamburg. Manuela lebte bis zu ihrem vierten Lebensjahr in Rom, dann kam die Familie nach Deutschland. Manuela besuchte sofort einen deutschen Kindergarten, wo sie sehr schnell Deutsch lernte.

Natürliche und gesteuerte Mehrsprachigkeit

Im Hinblick auf die Art und Weise, in der ein mehrsprachiger Mensch seine Sprachen erwirbt, wird zwischen der **natürlichen** und der **kulturellen Mehrsprachigkeit** unterschieden.

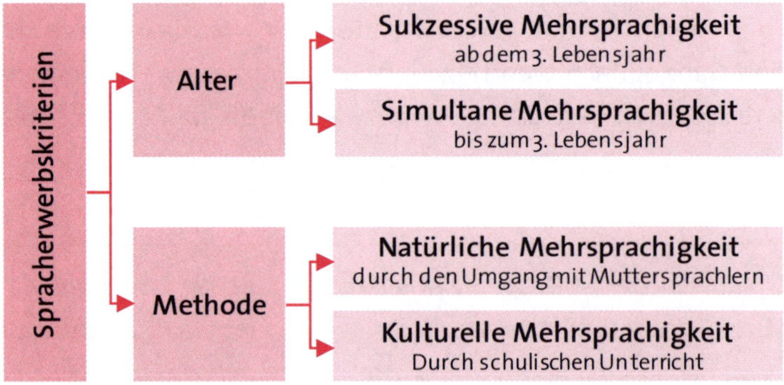

Einteilung der Arten der Mehrsprachigkeit nach Alter und Art des Spracherwerbs

Bei der natürlichen Mehrsprachigkeit werden die Sprachen durch den alltäglichen Umgang mit muttersprachlichen Personen in einer natürlichen Umgebung erworben. Das folgende Beispiel verdeutlicht das Gemeinte:

Beispiel

Frau Martin, 25 Jahre alt, ist Griechin. Sie zog vor zehn Jahren von Griechenland nach Stuttgart, um dort zu arbeiten. Inzwischen ist sie mit einem Deutschen verheiratet und arbeitet in Deutschland. Als sie nach Deutschland kam, konnte sie kein einziges deutsches Wort, inzwischen kann sie sich auf Deutsch gut unterhalten und versteht fast alles. Sie ist auf ihre Deutschkenntnisse sehr stolz, da sie alles – wie sie es immer wieder erzählt – ohne schulischen Unterricht gelernt hat.

Die kulturelle Mehrsprachigkeit liegt vor, wenn der Erwerb der zweiten oder dritten Sprache durch systematischen, formalen Unterricht erfolgt. Die kulturelle Mehrsprachigkeit wird auch als „künstliche", „schulische" oder „gesteuerte" Mehrsprachigkeit bezeichnet. Antonio stellt ein klassisches Beispiel dar:

Beispiel

Antonio kommt aus Spanien und studiert seit einem Semester in Stuttgart Medizin. Er besuchte in Madrid die deutsche Schule und machte vor einem Jahr dort sein deutsches Abitur. Dementsprechend kann er sehr gut Deutsch. Er fühlt sich in der deutschen Sprache, wie er selber behauptet, „zu Hause".

Häufig trifft man diese zwei Formen der Mehrsprachigkeit als eine Mischform an. Als Beispiel sind die Migrantenkinder zu nennen, die die Zweitsprache sowohl durch den schulischen Unterricht, als auch durch ihren Kontakt mit Kindern und Erwachsenen, die diese Sprache sprechen, erlernen.

Das Spielen mit muttersprachlichen Kindern fördert die Entstehung einer natürlichen Mehrsprachigkeit.

Additive und subtraktive Mehrsprachigkeit

Die dritte Unterscheidung der Mehrsprachigkeit bezieht sich auf die kognitiven und emotionalen Fähigkeiten der mehrsprachigen Kinder.

Bei der **additiven Mehrsprachigkeit** liegt, durch den weiteren Spracherwerb, ein positiver Einfluss auf die Entwicklung des Kindes vor. In vielen Untersuchungen, die in verschiedenen Ländern durchgeführt wurden, ist festgestellt worden, dass mehrsprachige Kinder, die eine additive Zweisprachigkeit aufweisen, sprachinteressierter, sprachgewandter sowie toleranter, offener und sogar intelligenter als gleichaltrige einsprachige Kinder sind.

Additive Mehrsprachigkeit hat positive Effekte.

Diese Form der Mehrsprachigkeit treffen wir meistens bei mehrsprachigen Kindern, die einer Majorität angehören, wie die deutschen Kinder, die eine französische Schule besuchen und somit zweisprachig erzogen werden. Auch die Zweisprachigkeit von Kindern der russischen Aristokratie des 19. Jahrhunderts, die im frühkindlichen Alter Französisch lernten, kann man zu dieser Kategorie zählen. Sicherlich haben viele mehrsprachige Kinder, die von ihrer Geburt an mehrsprachig erzogen werden, eine additive Mehrsprachigkeit.

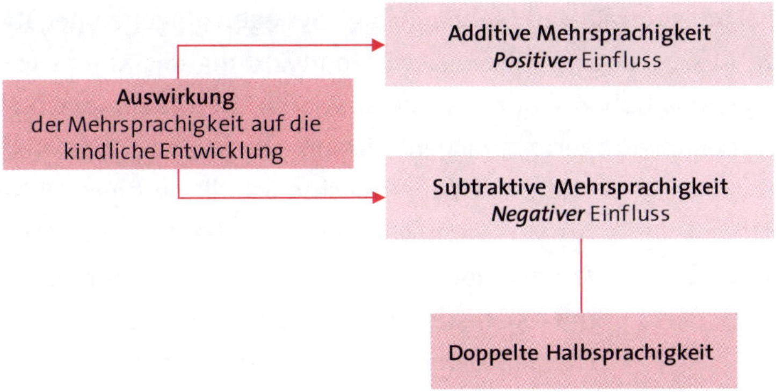

Einteilung der Arten der Mehrsprachigkeit nach der Auswirkung auf die kindliche Entwicklung

Beispiel

Die 16-jährige Sofie ist die Tochter eines portugiesischen Diplomaten. Sie ist in Portugal geboren. Als sie zwei Jahre alt war, zog die Familie nach Deutschland, wo sie über fünf Jahre lebte. Sofie besuchte für drei Jahre den deutschen Kindergarten. Danach kam sie in die französische Schule. Als Sofie acht war, zog die Familie in die U.S.A. Die englische Sprache lernte sie sehr schnell und konnte so innerhalb von zwei Jahren ohne Probleme die Schule besuchen. Jetzt lebt die Familie wieder in Portugal. Sofie besucht dort die französische Schule und ist die beste Schülerin ihrer Klasse. In allen vier Sprachen kann sie sich mündlich und schriftlich sehr gut ausdrücken. Auch ihr soziales Verhalten ist „vorbildlich“, wie es im Zwischenzeugnis steht.

Bei der **subtraktiven Mehrsprachigkeit** liegen hingegen negative Auswirkungen auf die Gesamtentwicklung des Kindes vor. Meistens haben Kinder mit einer subtraktiven Mehrsprachigkeit eine verzögerte Sprachentwicklung, emotionale Probleme, und sie zeigen schlechte Schulleistungen. Diese Art von Mehrsprachigkeit ist häufig unter Migrantenkindern anzutreffen, wie z.B. bei Kindern mit albanischem Migrationshintergrund in Griechenland, bei finnischen Migrantenkindern in Schweden oder bei Kindern mit griechischem bzw. türkischem Migrationshintergrund in Deutschland.

Subtraktive Mehrsprachigkeit bereitet Probleme.

Beispiel

Der neunjährige Jannis besucht die vierte Klasse einer Grundschule in Augsburg und hat große Leistungsprobleme. Seine beiden Eltern sind Griechen. Er ist in Augsburg geboren und kam mit einem Jahr jeden Tag für sechs Stunden in die deutschsprachige Kinderkrippe. Mit drei Jahren ging er dann in den deutschen Kindergarten. Jannis spricht sowohl Deutsch als auch Griechisch, doch seine Ausdrucksfähigkeit im mündlichen und im schriftlichen Bereich sei sehr begrenzt – meint der Klassenlehrer. Auch in Mathematik hat Jannis Schwierigkeiten. Hinzu kommt noch sein aggressives Verhalten, welches er bereits im Kindergarten zeigte.

„Doppelte Halbsprachigkeit“: Fiktion oder Wirklichkeit?

Wenn auch der Begriff der „Doppelten Halbsprachigkeit“ mit Recht nicht als sehr treffend bezeichnet werden kann, darf man dennoch nicht leugnen, dass es mehrsprachige Kinder gibt, die sich in keiner ihrer Sprachen verständlich ausdrücken können.

Beispiel

„Ist ein Monster, großer Zahn, ein Junge, Glas, kaputtes Glas, soviel Eier gekippt, so ein Monster, versteckt, Badezimmer, gewickelt, ei Monster, gegessen viele Fische, so viel Monster gekippt, ei Katze, gegesst, liegt, getötet, dann wieder gewachsen, so ein großes Schiff"

So berichtet Güner, ein siebenjähriger dreisprachig aufwachsender (türkisch-griechisch-deutsch) Junge, seiner Lehrerin über eine Sendung, die er im Fernsehen verfolgt hatte. Diese Art der Mehrsprachigkeit gilt als eine extreme Ausprägung der subtraktiven Mehrsprachigkeit. Sie ist in der Fachliteratur auch unter der Bezeichnung „Semilingualismus" zu finden.

Welche konkreten Sprachprobleme weist aber ein mehrsprachiges Kind in diesem Fall auf?

- Sein aktiver und passiver Wortschatz ist in all seinen Sprachen auffällig gering.
- Seine Äußerungen sind kurz, meist ohne richtige Wortstellung und mit grammatischen Fehlern.
- Seine Artikulation ist häufig undeutlich.
- In seinen Äußerungen tauchen Wörter aus all seinen Sprachen auf.

In der internationalen Fachliteratur werden die beiden Begriffe „doppelte Halbsprachigkeit" und „Semilingualismus" auch mit Sprachproblemen verbunden, bei denen das mehrsprachige Kind zwar über die „interpersonellen kommunikativen" Sprachfähigkeiten verfügt, jedoch nicht über die „kognitiv-akademische" Sprachfähigkeit. Es zeigt Schwierigkeiten:

- abstrakte Begriffe zu verstehen und zu gebrauchen, Texte zu verstehen und deren Inhalt mündlich oder auch schriftlich wiederzugeben,
- Informationen aus einem vorgegebenen Text zu erschließen,

- abstrakte und komplizierte Gedanken und Sachzusammenhänge im mündlichen und schriftlichen Sprachgebrauch zu verstehen und auszudrücken.

Diese Art von Semilingualismus tritt vor allem in der Schule auf, weil genau diese Sprachfähigkeit in der Schule gefordert und gefördert wird. Die negativen Auswirkungen haben Einfluss auf das Lernverhalten und die Schulleistungen und tragen wesentlich zum Auftreten von Auffälligkeiten in der Persönlichkeitsentwicklung des Kindes bei.

Bei den mehrsprachigen Kindern, die über die interpersonellen kommunikativen Sprachfähigkeiten in keiner ihrer Sprachen verfügen, kann es sich um eine Sprachstörung handeln. Hier treten häufig zusätzlich auch Probleme in der Denkentwicklung und Sozialisierung des Kindes auf.

Was kann eigentlich eine so massive kindliche Störung verursachen? Kann allein die Auswirkung der Mehrsprachigkeit dafür verantwortlich sein? Sicherlich nicht! Wir sprechen in diesem Fall von einem komplexen Ursachensystem aus Umwelt- und Individualfaktoren. Hierzu zählen unter anderem:

- die Ablehnung der Sprache und der Kultur von Minoritäten durch die Umgebung (Sprachprestige),
- das zu frühe Angebot der Zweitsprache,
- der Abbruch der sprachlichen Anregungen in der Erstsprache,
- ungünstige Sozialisationsbedingungen,
- Entwicklungsverzögerungen.

Beispiel

Sefer ist elf Jahre alt und besucht die dritte Klasse einer Schule zur individuellen Lernförderung. Beide Eltern sind Griechen, die einer türkischen Minderheit in Griechenland angehören. Zu Hause wird Türkisch und Griechisch gesprochen. Sefers Vater ist als Hilfsarbeiter bei einer Autofabrik beschäftigt. Die Mutter arbeitet als Putzfrau. Sefer war bis zu seinem zweiten Lebensjahr zusammen mit seinen zwei Geschwistern bei seiner Großmutter in Nordgriechenland. Nach dem Tod der Großmutter musste er nach Deutschland. Zunächst war er in einer Kinderkrippe, dann kam er mit drei Jahren in einen deutschen Kindergarten. Mit fast sieben Jahren wurde Sefer schließlich in eine griechische Privatschule in München eingeschult. Gleich zu Beginn sind seine Sprachschwierigkeiten sowohl der griechischen als auch der deutschen Lehrerin aufgefallen. Sein Wortschatz war in beiden Sprachen sehr begrenzt, er konnte kaum einen Satz richtig bilden. Beim Lesen- und Schreibenlernen machte er für längere Zeit wenige Fortschritte. Nachdem Sefer die 2. Klasse wiederholt hatte, wurde er in die Schule zur individuellen Lernförderung geschickt. Immer noch besteht Sefers Sprache aus einer Mischung aus türkischen, griechischen und deutschen Wörtern. Bei der Verwendung des Artikels unterlaufen ihm in allen drei Sprachen zahlreiche Fehler. Er hat zudem Schwierigkeiten, komplexere Zusammenhänge zu verstehen, deshalb schaltet er im Unterricht häufig ab.
In den letzten Monaten schwänzte er sogar wiederholt die Schule.

Was versteht man unter Mutter- bzw. Vatersprache und was unter Erst- bzw. Zweitsprache?

Im Rahmen einer mehrsprachigen Erziehung tauchen Begriffe auf, deren Bedeutung nicht immer eindeutig ist. Dazu gehören die drei Begriffe: Muttersprache – Erstsprache – Zweitsprache; und die Wortpaare: Familiensprache – Umgebungssprache sowie starke Sprache – schwache Sprache.

Beispiel

Kurz nach der Geburt meiner Tochter fragte mich mein Schwiegervater: „Welches wird Marias Muttersprache sein?" Ich musste nicht lange überlegen, meine Antwort war spontan und eindeutig: „Meine Sprache, die griechische Sprache ist selbstverständlich die Muttersprache meiner Tochter!"

Was hat eigentlich der Schwiegervater mit dem Begriff „Muttersprache" gemeint, und welche Bedeutung habe ich diesem Begriff durch meine Antwort gegeben?

Die erste Sprache, die ein Kind erwirbt, wird im Wortschatz fast jeder Sprache als „Muttersprache" bezeichnet (z.B. auf Englisch: „mother-tongue", auf Französisch: „langue maternelle", auf Portugiesisch „lingua materna", auf Griechisch: „μητρική γλώσσα" etc.).

Unter dem Begriff „Muttersprache" versteht man also die Sprache, die im engen Umgang von der Mutter oder von einer anderen Bezugsperson erworben wird. Wenn man später aus verschiedenen Gründen eine zweite oder dritte Sprache erwirbt, die im Beruf oder auch im täglichen Leben häufiger als die Muttersprache verwendet wird, bleibt trotzdem die zuerst erworbene Sprache die Muttersprache. Manchmal tritt der Fall auf, dass bei einer Person die „Muttersprache“ eine andere ist als die Sprache ihrer Mutter. Deshalb wird der Begriff „Muttersprache“ durch den Begriff „Erstsprache“ ersetzt. Man kann also sagen, dass die „Erstsprache“ die Sprache ist, die eine Person in den ersten Jahren ihres Lebens erwirbt und von der sie weitgehend geprägt wird.

Die Muttersprache ist die zuerst erworbene Sprache.

Alles, was bis jetzt über den Begriff „Muttersprache“ gesagt wurde, gilt natürlich bei jeder monolingualen Erziehung. Was ist aber bei einer zweisprachigen Erziehung? Welche Bedeutung hat hier der Begriff „Muttersprache“? Lernt ein Kind zwei Sprachen von seiner Geburt an, so erwirbt es gleichzeitig zwei Erstsprachen. In diesem Fall kann man zwischen der Sprache des Vaters und der Sprache der Mutter unterscheiden. Deshalb ist es üblich, dass man bei einer zweisprachigen Erziehung zwischen der **„Vatersprache“** und der **„Muttersprache“** unterscheidet.

Die Mutter- bzw. Erstsprache wird im engen Umgang mit einer frühen Bezugsperson erworben.

Was ist die Familiensprache und was die Umgebungssprache?

Wenn in der Familie des mehrsprachigen Kindes eine Sprache gesprochen wird, außer Haus aber – wo das Kind viele Stunden verbringt – eine andere Sprache gesprochen wird, dann unterscheidet man zwischen der „Familiensprache“ und der „Umgebungssprache“.

Beispiel

Funs Eltern sind Japaner, die seit vielen Jahren an einem Forschungsinstitut in München arbeiten. Sie sprechen zu Hause Japanisch (Familiensprache). Fun war bereits mit zwei Jahren in einer deutschen Kinderkrippe und hörte so den ganzen Tag Deutsch (Umgebungssprache). Ab drei besuchte sie den deutschen Kindergarten. Ihre Eltern trennten bereits seit ihrer Geburt bewusst die Familiensprache von der Umgebungssprache. Fun ist jetzt sechs Jahre alt und wird im September die deutsche Schule besuchen. Beide Sprachen spricht sie bereits sehr gut.

Auch bei mehrsprachigen Ehen spricht man von einer **Familiensprache**, also von der Kommunikationssprache in der Familie, und einer **Umgebungssprache**, der Sprache, die außerhalb der Familie des mehrsprachigen Kindes gesprochen wird. Allerdings kann es sein, dass die Familien- und die Umgebungssprache identisch sind:

Beispiel

Luis' Mutter ist Französin, sein Vater ist Deutscher. Die Familie lebte für längere Zeit in Frankreich, zog aber vor drei Jahren nach Deutschland. Jeder Elterteil spricht mit Luis seine Erstsprache (die Mutter also Französisch, der Vater Deutsch). Miteinander sprechen die Eltern Französisch. Als sie noch in Frankreich lebten, waren Familien- und Umgebungssprache identisch. Jetzt sieht die Situation anders aus. Die Familiensprache ist zwar Französisch geblieben, die Umgebungssprache ist jetzt Deutsch.

Von einer **„Zweitsprache"** sprechen wir meistens nur bei einer sukzessiven Mehrsprachigkeit. Hier sind alle Fälle von mehrsprachigen Menschen einzuordnen, die eine weitere Sprache nach ihrem dritten Lebensjahr erwerben – also nachdem der Erwerb ihrer Erstsprache bereits weit angefangen hat bzw. abgeschlossen war. Wenn die Zweitsprache bereits im Kindesalter erworben wird, beeinflusst dies entscheidend die gesamte kindliche Entwicklung. Aus den Ergebnissen vieler Untersuchungen und Studien der Bilingualismusforschung wissen wir, dass der Erwerb einer Zweitsprache eine Bereicherung für das Kind sein und seine Entwicklung positiv beeinflussen kann. Sie kann aber auch zum ‚Stolperstein' für das mehrsprachige Kind werden und sich im Zusammenhang mit anderen Bedingungen auf seine Denkentwicklung und auf seine sprachliche sowie emotionale Entwicklung negativ auswirken (→ Kap. 4).

Eine Zweitsprache kann einen positiven oder negativen Einfluss auf die Entwicklung haben.

Was bedeutet starke bzw. schwache Sprache?

Beispiel

Als Christines Familie nach Frankreich zog, war Christine sechs Jahre alt. Sie wurde von Geburt an zweisprachig, Griechisch und Französisch erzogen, da ihre Mutter Französin und der Vater Grieche ist. Sie besuchte in Athen drei Jahre lang den Kindergarten. Mit sechs Jahren sprach sie bereits sehr gut Griechisch. Die Kindergärtnerinnen behaupteten, dass sie für ihr Alter über einen differenzierten Wortschatz und eine sehr gut entwickelte Ausdrucksfähigkeit verfüge. Ihr Französisch war, nach Meinung ihrer Mutter, mittelmäßig. Sie konnte sich zwar mit der französischen Großmutter unterhalten, aber sowohl ihr Wortschatz als auch ihre Satzstruktur waren nicht altersgemäß entwickelt. Ein mit der Familie befreundeter Linguist sagte damals, dass Christines starke Sprache ohne Zweifel Griechisch sei. Inzwischen, fünf Jahre später, hat sich die Situation verändert. Christine besucht das französische Gymnasium und ist eine sehr gute Schülerin – insbesondere in den sprachlichen Fächern. Sowohl ihre mündlichen als auch ihre schriftlichen Leistungen in Französisch sind ausgezeichnet. Sie erhält einmal pro Woche je vier Stunden Unterricht in der griechischen Sprache. Doch ihr Cousin, den Christine jedes Jahr im Sommer besucht und zu dem sie regelmäßigen E-Mail-Kontakt hat, bezeichnet ihr Griechisch als „miserabel“. Ihr Vater, der sich bemüht, mit Christine jeden Tag Griechisch zu sprechen, sagte neulich ganz traurig, „Griechisch ist jetzt die schwache Sprache von Christine“.

Die meisten mehrsprachigen Personen beherrschen nicht jede ihrer Sprachen gleich gut. Am häufigsten trifft man Mehrsprachige, die über die eine ihrer Sprachen fast so gut oder genauso gut verfügen wie gleichaltrige Monolinguale. Die besser entwickelte Sprache, die „starke“ oder auch „dominante“, ist meistens die Sprache der Umgebung, d.h. die Sprache, welche im unmittelbaren Umfeld gesprochen wird. Die Sprachfähigkeit in den anderen Sprachen entwickelt sich meistens langsamer. Sie erreicht aber selten das Niveau der starken Sprache und damit stellt die „schwachen Sprachen“ der Mehrsprachigen dar.

Welche der Sprachen einer mehrsprachigen Person die starke oder die schwache Sprache wird, hängt von einer Reihe von Faktoren ab. Einer der wichtigsten Faktoren ist die Intensität der sprachlichen Reize, mit denen das mehrsprachige Kind täglich konfrontiert wird. Aber auch die Zahl der angebotenen Gebrauchsmöglichkeiten dieser Sprache, welche die mehrsprachige Person in ihrer Umgebung hat, ist von entscheidender Bedeutung. Das ist der Grund, warum die starke Sprache nicht immer die gleiche bleiben kann, wie wir im Beispiel von Christine gesehen haben.

Die starke Sprache kann und muss nicht immer die gleiche bleiben.

Auch soziokulturelle Faktoren können die Ausbildung der einen Sprache als starke und die der anderen als schwache Sprache beeinflussen. Die Gefühle und Einstellungen, welche das unmittelbare Umfeld der Kinder für die von ihnen gesprochene Sprache aufbringt, können sich positiv oder negativ auf ihren Spracherwerb auswirken. Wenn z. B. der Vater die Sprache der Mutter nicht schätzt und zu deren Familie keinen Kontakt pflegen will, ist es nicht verwunderlich, dass sich das zweisprachige Kind davon beeinflussen lässt und kein Interesse mehr daran zeigt, diese Sprache zu lernen. Außerdem wird dem Kind die Gelegenheit genommen, diese Sprache häufig zu hören oder zu sprechen. In diesem Fall ist das Prestige der Muttersprache gering.

Wenn das Kind eine seiner Sprachen besser beherrscht als die andere, wird es die dominante Sprache häufiger benutzen und dadurch natürlich in dieser Sprache größere Fortschritte machen. Die schwache Sprache droht zu verkümmern, und es kann ein Teufelskreis entstehen, der nur schwer durchbrochen werden kann.

Manchmal entwickelt die mehrsprachige Person für bestimmte Erlebnisbereiche oder Themen nur in der einen ihrer beiden Sprachen einen erweiterten und differenzierten Wortschatz. Deshalb bevorzugt sie, sich nur in dieser Sprache darüber zu äußern. Wenn sie aber über dieses Thema in der anderen Sprache sprechen muss, zeigt sie enorme Schwierigkeiten, die richtigen Wörter zu finden. Das Eintreten dieser Möglichkeit hängt meistens von den Erlebnissen und den damit verbundenen Gefühlen der mehrsprachigen Person zu dieser Sprache ab.

Beispiel

Evas Mutter ist Italienerin, der Vater Deutscher. Die Familie lebt in Augsburg. Eva wurde von Geburt an zweisprachig erzogen. Sie besucht zurzeit die 10. Klasse der Realschule. Ihre starke Sprache ist eindeutig Deutsch, Italienisch kann sie nicht schreiben. Außerdem hat sie Schwierigkeiten, auf Italienisch komplizierte Zusammenhänge auszudrücken. Handelt es sich jedoch um Gefühlsäußerungen wie Zärtlichkeit, Ärger oder Wut spricht sie automatisch Italienisch. Sie stellte einmal beim Babysitten fest, dass sie nicht in der Lage war, gegenüber dem zweijährigen Kind auf Deutsch ihre Gefühle richtig zu äußern.

Welche besonderen Sprachmerkmale tauchen bei Mehrsprachigen auf?

Wenn man mehrsprachigen Personen aufmerksam zuhört, stellt man fest, dass ihre Sprache charakteristische Besonderheiten aufweist, die bei einsprachigen Personen selten auftreten. In diesem Abschnitt werden wir auf diese Besonderheiten kurz eingehen.

Es ist wichtig, bei einer mehrsprachigen Erziehung zu wissen, welche Merkmale in der Sprachentwicklung der Kinder ‚normal' bzw. akzeptabel sind und wann sie Besorgnis erregend sein können. Am häufigsten treten in der Sprache von mehrsprachigen Menschen Interferenzen, Sprachmischungen sowie das sogenannte Code-Switching auf.

Interferenzen

Beispiel

Ein Russisch-Deutsch sprechendes Mädchen antwortet auf die Frage der Lehrerin, woher sie gerade kommt: „Ich war bei kapieren". Sie wollte sagen: „Ich war beim Kopieren". Der Laut /o/ im deutschen Wort „Kopieren" wurde hier durch den Einfluss der russischen Sprache zu /a/.

Wenn eine mehrsprachige Person in der einen Sprache spricht, sind sehr häufig Sprachelemente aus ihrer/ihren anderen Sprache(n) zu hören. Dabei handelt es sich um Überlagerungen von Elementen, Regeln und Strukturen beider Sprachen, die in der Fachliteratur als **Interferenzen** bekannt sind. Hierbei geht man davon aus, dass das schwächere Sprachsystem von dem stärkeren beeinflusst wird. Durch die Überlagerungen von Elementen beider Sprachen werden sprachliche Strukturierungen vorgenommen, die zu „Fehlern" führen. Manche dieser „Fehler" sind bei mehrsprachigen Kindern nur für eine kurze Zeit zu hören, dann verschwinden sie von selbst. Besonders im phonologischen Bereich treten während der mehrsprachigen Sprachentwicklung Interferenzen auf – so wie bei Helena:

Beispiel

Helenas Vater ist Grieche und ihre Mutter Deutsche. Helena wurde von Geburt an zweisprachig erzogen. Ihr Vater erinnert sich, dass seine Tochter bis zu ihrem siebten Lebensjahr viele griechische Wörter, die /th/ beinhalten, nicht richtig aussprechen konnte. Sie sagte z.B. statt thelo (= ich möchte) /selo/ oder statt thalassa (= Meer) /salassa/.

Diese Interferenzen sind sprachentwicklungsbedingt und können nicht als Aussprachestörung gelten, sie verschwinden nach einer gewissen Zeit. Andere wiederum verlieren sich nur schwer. Man weiß nicht genau, woran es liegt, dass manche Interferenzen nur eine Zeit lang erscheinen und manche fast für immer bleiben.

Sehr häufig werden die Interferenzen von den mehrsprachigen Personen nicht bewusst wahrgenommen, deshalb wundern sie sich, wenn der Gesprächspartner wiederholt, was und wie sie es gesagt haben. Interferenzen können auf allen Sprachebenen sowohl beim Sprechen als auch beim Schreiben vorkommen. Man unterscheidet zwischen:

- den lautlichen oder phonologischen Interferenzen,
- den lexikalischen Interferenzen,
- den grammatikalischen Interferenzen.

Bei den **lautlichen Interferenzen** sind Sprachrhythmus, Intonation und Phonologie der Sprache betroffen. Aus diesem Grund weisen manche mehrsprachige Personen in der einen ihrer Sprachen einen bestimmten Akzent auf. Diese Interferenzen entstehen dadurch, dass die mehrsprachige Person ein Phonem des Lautinventars ihrer schwachen Sprache mit einem Phonem aus dem Lautinventar der starken Sprache identifiziert und sich dieses Phonem bei der Reproduktion den phonetischen Regeln der Erstsprache unterwirft. Die lautlichen Interferenzen entstehen vorwiegend bei ähnlichen Lauten, wobei der jeweilige Laut der schwachen Sprache nach dem Vorbild der starken Sprache ausgesprochen wird, wie an Helenas Fall gezeigt. Dies liegt meistens daran, dass die mehrsprachige Person Schwierigkeiten hat, die Laute, insbesondere die ähnlichen Laute, der jeweiligen Sprachen untereinander akustisch differenzieren zu können. Manchmal können diese Interferenzen zu Missverständnissen führen, wenn durch diese Aussprache ein anderes Wort entsteht als das gemeinte.

Beispiel

Ein Griechisch-Deutsch sprechender Junge erkennt den Unterschied zwischen dem deutschen Laut /sch/ und dem griechischen Laut /s/ nicht und spricht so das Wort „Tasche“ als „Tasse“ aus.

„Tasche“ oder „Tasse“? Interferenzen können leicht zu Missverständnissen führen.

Im dritten Abschnitt werden wir sehen, dass Interferenzen keine Symptome für aufkommende Aussprachestörungen sind. Im Bereich der Prosodie (Sprachrhythmus) entstehen häufig Interferenzen dadurch, dass die mehrsprachige Person die Silben eines Wortes nach den Betonungsregeln der betreffenden Sprache ausspricht. Dies kann manchmal dazu führen, dass dieses Wort für den Gesprächspartner völlig unverständlich klingt.

Beispiel

Ein Französisch-Deutsch sprechendes Mädchen erzählt, dass seine Mutter aus München (mit Betonung auf e) und nicht aus München (mit Betonung auf ü) kommt. Der Vater heißt für sie Maximilian (Betonung auf dem zweiten a) und nicht Maximilian (Betonung auf dem zweiten i).

Die **lexikalischen Interferenzen** entstehen meistens bei semantischen Ähnlichkeiten zwischen den Wörtern beider Sprachen, wobei die Bedeutung eines Wortes der einen Sprache auf ein Wort der anderen Sprache übertragen wird. Man spricht von einem direkten Transfer von Wörtern (Weinreich, zit. in: Triarchi 1983).

Die lexikalischen Interferenzen können eine phonetische Ähnlichkeit zwischen den beiden Wörtern hervorrufen, wobei diese Klangähnlichkeit als „Eselsbrücke" fungiert. Dabei wird ein Wort der Primärsprache sowohl phonologisch als auch morphologisch von der einen in die andere Sprache angeglichen und eingefügt. Zu lexikalischen Interferenzen zählen Erweiterungen von Wortbedeutungen, welche bereits in der gesprochenen Sprache existieren, sowie die Übertragung feststehender, idiomatischer Redewendungen aus der einen in die andere Sprache.

Beispiel

Chasan, ein fünfjähriges Türkisch und Deutsch sprechendes Kind antwortet auf die Frage „Wie alt bist du?" mit folgendem Satz: „Ich komme im Oktober zu sechs Jahren". Er überträgt den im Türkisch üblichen Ausdruck: „Ich werde im Oktober sechs Jahre alt" ins Deutsche.

Maria, ein dreijähriges zweisprachig (deutsch-griechisch) erzogenes Mädchen sagt häufig zu ihrer Mama: "Ich möchte heute nicht meine Zähne waschen." (waschen statt putzen) oder „Mache Mama bitte das Licht auf." (aufmachen statt anmachen / einschalten).

Ein griechischer Junge kommt verspätet in die Schule und sagt ganz aufgeregt zu seinem Lehrer: "Ich habe den Bus verloren. Er ist vor meinen Augen weggefahren." (verloren statt verpassen, vor meinen Augen statt vor meiner Nase).

Grammatikalische Interferenzen entstehen dann, wenn weniger komplexe Strukturen der Erstsprache oder der starken Sprache auf die Zweitsprache (schwache Sprache) übertragen werden. Dabei können diese Strukturen innerhalb eines Satzes die Wortstellung, die von der starken auf die schwache Sprache übertragen wird, beeinflussen. Ebenso werden die Verbbildung, der Gebrauch von Artikeln, Präpositionen, Adjektiven, Adverbien und Bestimmungswörtern sowie der falsche Gebrauch von Tempus und Syntax davon beeinflusst.

Beispiel

Thomas, ein sechsjähriger Englisch und Deutsch sprechender Junge antwortet auf die Frage: „Where did you see him?" mit: „in T.V." statt „on T.V." (deutsch „im Fernsehen"). Auf Deutsch sagt er „in diesem Bild" statt „auf diesem Bild", weil es im Englischen „in this picture" heißt. (Saunders 1982, 189)

Bei den Sprachen, die sich voneinander stark unterscheiden, kommt es manchmal auch zum Weglassen von wichtigen grammatischen Elementen. Bei dem Auftritt von grammatikalischen Interferenzen kann man keine Systematik feststellen. Meistens hängt dies aber mit drei Faktoren zusammen:

- dem Gesprächspartner,
- der Situation,
- der zweisprachigen Person.

Grammatikalische Interferenzen sind von den lexikalischen oft nur schwer oder gar nicht zu trennen, da sie sich gegenseitig auslösen (Kielhöfer / Jonekeit 2002). Sie werden meistens als sinnvoll betrachtet, insbesonders wenn sich die zweisprachige Person in Sprachnot befindet und auf die Strukturen der anderen Sprache zurückgreift, damit sie sich besser, schneller und genauer ausdrücken kann.

„In dem Bild“ oder „auf dem Bild“? Grammatikalische Interferenzen sind ganz normal.

Interferenzen treten aus verschiedenen Gründen auf:

- Interferenzen werden durch Ähnlichkeiten zwischen den betreffenden Sprachen hervorgerufen. Meistens basieren sie auf Bedeutungsähnlichkeiten, die durch phonetische oder morphologische Ähnlichkeiten noch verstärkt werden können.
- Sie treten meistens bei komplexen und schwierigen Sprachmustern auf und nicht bei einfacheren und geläufigeren Strukturen.
- Besonders lexikalische Interferenzen können in einer mehrsprachigen Sprachentwicklung und in einer bestimmten Entwicklungsphase auftreten: Während das Kind versucht, die Bedeutung der Wörter in verschiedenen Zusammenhängen auszuprobieren, z. B. wenn ein Wort der einen Sprache eine Reihe von verschiedenen Bedeutungen hat, die sich nicht alle im äquivalenten Wort der anderen Sprache wiederfinden.
- Sie kommen vor, wenn die mehrsprachige Person z. B. müde ist, sich im Stress befindet oder durch andere ähnliche emotionale Bedingungen belastet wird.
- Auch die jeweilige Gesprächssituation, die Art des Gesprächsthemas oder der Gesprächspartner – genauer die Einstellung gegenüber dem Gesprächspartner – können das Auftreten von Interferenzen beeinflussen. So kann zum Beispiel das Vorbild der Freunde oder auch der Eltern das Ausmaß an Interferenz mehr oder weniger mitbestimmen.

Zusammenfassend kann also festgehalten werden, dass für eine mehrsprachige Person Interferenzen unvermeidliche Spracherscheinungen sind. Sie beeinflussen in der Regel nicht die Kommunikation, weil man sich meistens von ihnen nicht stören lässt. Sie können durch ständiges Feedback seitens der Gesprächspartner, insbesondere der Eltern, und durch ein reichhaltiges Sprachangebot vermieden oder zumindest stark reduziert werden.

Das Code-Switching (Kodewechsel oder Sprachwechsel)

Beispiel

Ein fünfjähriges Englisch-Deutsch sprechendes Kind sagt bei einem Familiengespräch: „Mum, I bet you're finished, und, Bert, wenn du fertig bist, and when you're finished, Frankie, then I'll still have some juice left." (Saunders 1982, 49)

Es ist wirklich bemerkenswert, mit welcher Leichtigkeit, Geschwindigkeit und ‚Eleganz' eine zweisprachige Person bei einer Unterhaltung von einer Sprache in die andere wechseln kann. Meistens ist der zweisprachigen Person dieser Wechsel zwischen den beiden Sprachen nicht bewusst, und er geschieht ohne deutliche Unterbrechungen der Aussage. Dieses Umschalten zwischen den Sprachen kann sich beziehen auf:

- ein einzelnes Wort,
- eine Phrase,
- auf einen oder auch auf mehrere Sätze.

Dabei entstehen keine Vermischungen der beiden Sprachen. Die Äußerungen sind nicht durch Pausen oder Stocken unterbrochen, und man kann die Sequenzen aus der jeweiligen Sprache klar voneinander unterscheiden. Meistens werden während des Code-Switching auch Prosodie, Redegeschwindigkeit, Mimik und Gestik an die gerade benutzte Sprache angepasst. So spricht ein Deutsch und Griechisch sprechendes Mädchen viel schneller und temperamentvoller, wenn es aus dem Deutschen ins Griechische übergeht.

Man stellte fest, dass jüngere Kinder, bis zu acht Jahren, eher zum Code-Mix (Sprachmischungen) neigen, was wiederum bedeutet, dass sie eher Substantive, Adjektive oder Verben von einer Sprache in die andere einführen. Ältere Kinder verwenden häufiger Code-Switching, sie wechseln für einen Satz aus der einen in die andere Sprache. Dieser Sprachwechsel vollzieht sich meist ohne bewusstes Überlegen. Viele Menschen sehen das Code-Switching eher als Indiz für mangelnde Sprachbeherrschung. Im Gegensatz dazu wird es von den meisten Wissenschaftlern als eine hohe kommunikative Leistung gewertet. Sie betrachten diesen Kodewechsel als eine besondere Fähigkeit. Die mehrsprachige Person ist in der Lage, zwischen zwei oder mehreren Sprachen in einer Kommunikationssituation je nach Bedarf zu wechseln (Grosjean 1982).

Was veranlasst eine mehrsprachige Person zu diesem Kodewechsel?

Warum schaltet ein Sprecher, der mehrere Sprachen beherrscht, mitten in einem Satz von der einen in die andere Sprache um? Ein besonders wichtiger und häufiger Grund sind die Wortschatzlücken in einer der betreffenden Sprachen, die während der Unterhaltung auftreten können. Der richtige Ausdruck ist in diesem Moment nicht verfügbar. Häufig ist dies bei emotionalen Regungen zu beobachten, bei Müdigkeit, Nervosität, Ärger oder Ähnlichem. Es ist aber auch möglich, dass einige Begriffe in einer der Sprachen genauer ausgedrückt werden können als in den anderen und der Sprecher deshalb in die andere Sprache ausweicht, um seine Gedanken besser ausdrücken zu können.

Kodewechsel wird häufig bei Wortschatzlücken genutzt.

Manchmal können die Gründe für das Erscheinen des Code-Switching auch sozialer Natur sein. Beispiel dafür ist die Situation, in der die mehrsprachige Person durch das Umschalten Gruppensolidarität beweisen will, indem sie in die Sprache der Minderheiten umschaltet.

Zusammenfassend kann man sagen, dass Code-Switching von den mehrsprachigen Personen als eine Kommunikationsstrategie verwendet wird, um dem Gesprächspartner Informationen sprachlicher, aber auch sozialer Natur ohne Stockungen oder Pausen zu vermitteln (Grosjean 1982). Es handelt sich dabei um ein komplexes Zusammenspiel der betreffenden Sprachen, die grammatischen Strukturen der jeweiligen Sprache werden so aneinander geschlossen, dass sie zueinander passen (Chilla et al. 2010, 55–59).

Wissenswertes zum Code-Switching:

Code-Switching

- ist eine natürliche Erscheinung,
- stellt keinen Sprachfehler und keine Sprachstörung dar und
- ist deshalb kein Grund zur Aufregung oder Besorgnis.

Sprachmischungen (Code-mixing)

Beispiel

Hanna spricht Englisch und Deutsch, ist etwa 2,5 Jahre alt und sagt an einem Abend zu ihrer Mami: „Ich cover michself up" (Tracy 1996).

Bei den Sprachmischungen werden innerhalb einer Äußerung meistens Wörter, selten Satzteile der einen Sprache in die momentan verwendete Sprache eingeflickt. Die ‚eingeflickten' Elemente tauchen nur punktuell auf, geben den Eindruck eines Fremdkörpers und stören häufig den Redefluss des Sprechens (Kielhöfer / Jonekeit 2002). Besonders in der frühen Phase der Sprachentwicklung mischen die mehrsprachigen Kinder ihre Sprachen häufig. Deshalb vermutet man, dass sie am Anfang der Sprachentwicklung ein einheitliches Sprachsystem verwenden.

Beispiel

Die dreijährige Hildegard, die Englisch und Deutsch erzogen wird, sagt: „I can't give you any Kuss because I have a Schmutznase" (Volterra / Taeschner 1978).

Man muss darauf hinweisen, dass das Auftreten von Sprachmischungen von Kind zu Kind variiert und von dem Gesprächspartner, der -situation und dem -thema abhängt. In späteren Phasen der Sprachentwicklung nimmt normalerweise die Häufigkeit von Sprachmischungen ab. Die Ursachen, die zu diesem punktuellen Umschalten der betreffenden Sprachen innerhalb einer Äußerung führen, beziehen sich meistens auf lexikalische Lücken und eine gewisse Bequemlichkeit.

Die Erscheinung von Sprachmischungen ist in den ersten Phasen der zweisprachigen Sprachentwicklung als ‚normal' zu betrachten. Später, vor allem wenn die Sprachentwicklung abgeschlossen ist, sollten sie nicht mehr häufig vorkommen. Die Eltern können bei der Trennung der Sprachsysteme ihren Kindern eine große Hilfe sein, indem sie selbst Sprachmischungen vermeiden. Wenn die Eltern selbst die Sprachen mischen, ist bei einer simultanen mehrsprachigen Sprachentwicklung mit einer verzögerten Differenzierung der Sprachsysteme zu rechnen. Ob Interferenzen oder Sprachmischungen Sprachstörungen sind, wird im Kapitel über Sprachstörungen bei mehrsprachigen Kindern genauer behandelt (→ Kap. 3).

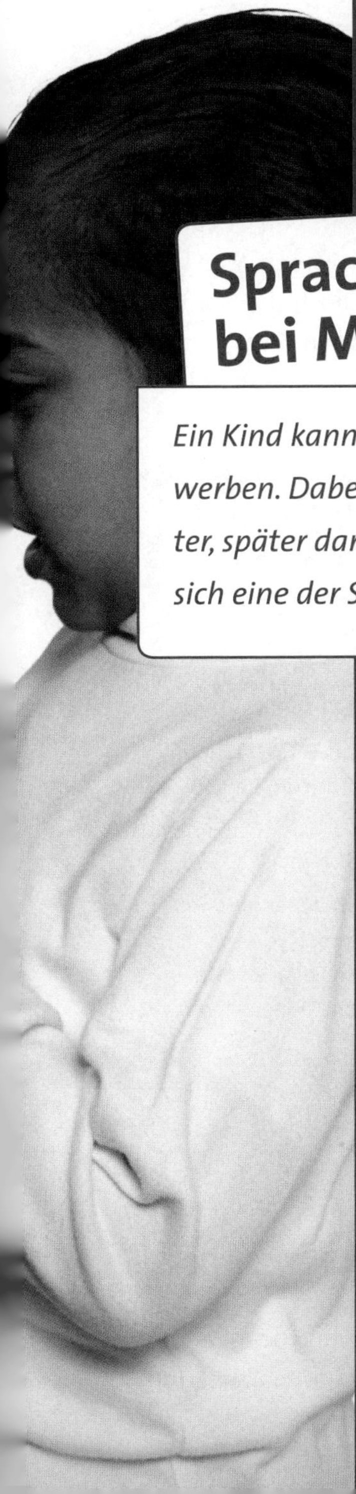

Sprachentwicklung bei Mehrsprachigkeit

Ein Kind kann von Geburt an zwei oder mehrere Sprachen erwerben. Dabei lernt es zunächst die einfachen Laute und Wörter, später dann schwierigere Wörter und Sätze. Meist bildet sich eine der Sprachen als starke Sprache aus.

2

Wie wird man zwei- oder mehrsprachig?

Um zwei, drei oder mehr Sprachen zu beherrschen, gibt es eine Reihe von Möglichkeiten. Man kann z.B. bereits von Geburt an zwei, drei oder mehr Sprachen gleichzeitig erwerben. Man kann aber auch erst mit drei oder vier Jahren oder noch später anfangen, eine zweite oder dritte Sprache zu erlernen. Es gibt natürlich auch den Fall, dass sich eine Person nach der Pubertät, im Erwachsenenalter weitere Sprachen aneignet.

Es gibt zwei große Kategorien des mehrsprachigen Spracherwerbs:

- **Die simultane mehrsprachige Sprachentwicklung** (auch als doppelter Erstspracherwerb bekannt): Diesen Erwerbstyp weisen Kinder auf, die von Geburt an mit zwei oder mehreren Sprachen aufwachsen.
- **Der Zweitspracherwerb:** Er findet statt bei Personen, die eine zweite oder weitere Sprachen erst im oder nach dem dritten Lebensjahr erwerben. Einige Autoren setzten die Grenze für eine simultane mehrsprachige Sprachentwicklung im zweiten und andere sogar im ersten Lebensjahr (Müller et al. 2006; Tsakmaki 2007; Chilla et al. 2010).

Beim „Zweitspracherwerb" werden zwei Unterkategorien unterschieden:

- **der frühere Zweitspracherwerb** (auch als kindlicher Zweitspracherwerb bekannt): Hier werden Kinder einer zweiten oder dritten Sprache erst zwischen dem dritten Lebensjahr und der Pubertät ausgesetzt.
- **der spätere Zweitspracherwerb:** Diesen Spracherwerbstyp weisen Personen auf, welche eine zweite oder weitere Sprache erst nach der Pubertät erlernen.

Die simultane mehrsprachige Sprachentwicklung

Die simultane mehrsprachige Sprachentwicklung oder den **„bilingualen Erstspracherwerb"** (nach Klein, zit. in: Triarchi 2000) findet man in der Regel bei Kindern mehrsprachiger Ehen, in der jeder Elternteil mit ihnen seine eigene Erstsprache spricht. In der Familie werden also zwei Sprachen gesprochen, wie bei Christine und Alexander:

Beispiel

Die fünfjährige Christine und der dreijährige Alexander gehen in einen deutschen Kindergarten in Hamburg. Ihr Vater stammt aus Madrid und ihre Mutter aus Berlin. Sie sprechen fließend Spanisch und Deutsch, weil, wie sie selber erzählen, „unser Papa zu uns immer Spanisch und unsere Mama Deutsch spricht“.

Eine simultane mehrsprachige Sprachentwicklung kann aber auch bei Kindern auftreten, deren beide Eltern eine andere Sprache sprechen als die der Umgebung. Hier ist die Familiensprache eine andere als die der Umgebung. Wichtige Voraussetzung einer simultanen mehrsprachigen Sprachentwicklung ist dabei, dass die Kinder von Geburt an mit der Umgebungssprache sehr viele Stunden in Kontakt treten.

Beispiel

Sofia ist drei Jahre alt und geht in diesem Jahr zum ersten Mal in einen deutschen Kindergarten. Sie kann bereits Italienisch und Deutsch. Beide Eltern sind Italiener und arbeiten in Deutschland. Sofia kam vor dem Kindergarten bereits in eine deutsche Kinderkrippe, wo sie jeden Tag von 7.00 bis 16.00 Uhr betreut wurde.

Bei einer simultanen mehrsprachigen Sprachentwicklung werden die Kinder konstant zwei oder mehreren Sprachen ausgesetzt. Dadurch kann die Sprachentwicklung gleichzeitig in allen betreffenden Sprachen ablaufen. Die Erwerbsprozesse finden somit in allen betreffenden Sprachen gleichzeitig statt, wie wir später sehen werden. Das heißt aber nicht, dass alle Phasen einer Sprachentwicklung tatsächlich parallel verlaufen. Einige der Prozesse finden parallel statt, andere verlaufen eher nacheinander.

Welche Charakteristika weist die simultane mehrsprachige Sprachentwicklung auf?
Ihr wichtigstes Merkmal ist, dass die gesamte Entwicklung und Sozialisierung des Kindes von Geburt an durch mehrere Sprachen bestimmt wird. Mit anderen Worten, nicht nur für den Spracherwerb sind alle betreffenden Sprachen wichtig, sondern auch die Denkentwicklung, die mit der Sprachentwicklung eng miteinander verknüpft ist, wird von allen betreffenden Sprachen beeinflusst. Das mehrsprachig aufwachsende Kind erfährt und lernt in der Regel für jede Bedeutung mehrere Begriffe. Dadurch wird einerseits sein Wortschatz bereichert, andererseits sein Denken gefördert. Manchmal sind nämlich die Bedeutungen, welche die Begriffe in allen betreffenden Sprachen haben, nicht absolut identisch.

Beispiel

So hat das englische Wort „brush“ drei verschiedene Bedeutungen: „clothesbrush“, „toothbrush“ und „paintbrush“. Auf Deutsch wird das äquivalente Wort „Bürste“ aber nur für „Kleiderbürste“ und „Zahnbürste“ verwendet. Für die Bedeutung des Wortes „paintbrush“ verwendet man im Deutschen das Wort „Pinsel“.

Durch diese Nuancen von semantischen Unterschieden wird die Sprachfähigkeit der Kinder intensiv gefördert, wodurch sie lernen, sich differenziert auszudrücken. Auch die Denkfähigkeit, feine sprachliche und kulturelle Unterschiede wahrzunehmen und sie sich merken zu können, wird dadurch entfaltet. Darüber hinaus erleben die mehrsprachig aufwachsenden Kinder ihre Gefühle in allen betreffenden Sprachen. Ihre emotionale Welt wird mit Begriffen und deren Bedeutungen aus allen betreffenden Sprachen aufgebaut. Sprachen sind eng mit den Kulturen verbunden, die sie repräsentieren. Das Temperament, die Persönlichkeit und die Identität der mehrsprachig aufwachsenden Kinder werden von allen betreffenden Kulturen geprägt. Ihre Sozialisierung wird von den Normen, Sitten und Einstellungen aller betreffenden Nationen beeinflusst.

Mehrsprachige Kinder „erleben" ihre Gefühle in allen ihren Sprachen.

Beispiel

Katerina ist 15 Jahre alt und wurde von Geburt an zweisprachig erzogen. Ihre Mutter ist Deutsche und ihr Vater Grieche. Die Familie lebt in Deutschland, fährt aber ein bis zwei Mal im Jahr nach Griechenland. Katerina besucht die griechische Abteilung an der Europäischen Schule und hat griechische und deutsche Freunde. Die Familie nimmt regelmäßig an griechischen Festen teil und pflegt Kontakt zu deutschen und griechischen Familien. Katerina fühlt sich nicht nur in beiden Sprachen, sondern auch in beiden Kulturen zu Hause. Sie tanzt und singt mit Freude (wie eine Griechin) und fährt Schi (wie eine Deutsche). Sie fühlt sich sowohl in der griechisch-orthodoxen als auch in der katholischen Kirche wohl. Sie ist sehr temperamentvoll und zeigt häufig ihre Gefühle auf eine spontane Art.

Bei einer mehrsprachigen Sprachentwicklung spricht man von zwei oder mehreren Erstsprachen, die sich auch in vielen Fällen in den ersten Jahren parallel entwickeln können. Mit der Zeit aber dominiert häufig eine der betreffenden Sprachen, in der Regel diejenige, die auch die Sprache der Umgebung ist. Die Sprache aus dem Umfeld des Kindes ist normalerweise auch diejenige, die in der Sprachentwicklung als erste die verschiedenen Entwicklungsphasen durchläuft und später zu der starken Sprache des Kindes wird. Die anderen Sprachen, die meistens wenige Leute in der Umgebung des Kindes sprechen, folgen in den Phasen der Sprachentwicklung nach und werden häufig in späteren Jahren die schwachen Sprachen des mehrsprachigen Kindes.

Der frühere Zweitspracherwerb

In diesem Fall erlernen die Kinder erst nach ihrem dritten Lebensjahr, aber noch vor der Pubertät eine zweite oder dritte Sprache. Sie haben bereits einen Grundwortschatz und beherrschen die Grundstrukturen der Grammatik und der Morphologie in ihrer Erstsprache. Außerdem verfügen sie bereits über einen großen Teil der Laute bzw. der Lautverbindungen des Lautinventars so-

Durch das Lernen einer Zweitsprache kann die Erstsprache in Rückstand geraten.

wie über die Intonation ihrer Erstsprache. Wenn der Zweitspracherwerb beginnt, befindet sich der Erstspracherwerb bereits in einem fortgeschrittenen Entwicklungsstadium. Es gibt Fälle, in denen – häufig nach dem siebten Lebensjahr – eine parallele Entwicklung der Sprachsysteme zu beobachten ist. Und manchmal kann es sein, dass die Entwicklung der weiteren Sprachen zunimmt und die Erstsprache einen gewissen Rückstand erleidet. So auch bei Maria:

Beispiel

Maria ist zehn Jahre alt und besucht zurzeit eine deutsche Grundschule in München. Sie wurde in Athen geboren und kam erst mit drei Jahren nach Deutschland, weil ihre Eltern beruflich nach Deutschland versetzt wurden. Maria besuchte drei Jahre lang einen deutschen Kindergarten. Sie lernte schnell Deutsch. In der 4. Klasse hat sie einen Notendurchschnitt von 2,0, der ihr den Besuch des Gymnasiums ermöglicht. Obwohl sie den griechischen muttersprachlichen Ergänzungsunterricht regelmäßig besucht, sind ihre Kenntnisse der griechischen Sprache im Vergleich zur deutschen nicht sehr gut. Sie verfügt über keinen differenzierten Wortschatz mit abstrakten Begriffen, und die Satzstruktur ihres mündlichen Sprachausdrucks weist Rückstände im Vergleich zu gleichaltrigen monolingualen griechischen Kindern auf – sagt ihre griechische Lehrerin.

Nach aktuellen Ergebnissen aus linguistischen und neuropsychologischen Studien weisen die Spracherwerbsprozesse von Kindern, die zwischen ihrem dritten und siebten Lebensjahr mit einer zweiten oder dritten Sprache konfrontiert werden, Ähnlichkeiten auf mit denen, die von Geburt an zwei- oder mehrsprachig aufwachsen. Wenn aber Kinder nach dem siebten Lebensjahr eine zweite oder dritte Sprache erwerben, verlaufen die Spracherwerbsprozesse ähnlich wie beim späteren Zweitspracherwerb (Chilla et al. 2010).

Der spätere Zweitspracherwerb

Wenn eine Person eine zweite oder dritte Sprache nach der Pubertät bzw. im Erwachsenenalter erwirbt, laufen die Erwerbsprozesse meistens über die Erstsprache. Eine zweite oder dritte Sprache wird also über die Erstsprache erlernt. Diese Art von Mehrsprachigkeit nennen die Linguisten **„untergeordnete" Mehrsprachigkeit** im Gegensatz zu der **„koordinierten" Mehrsprachigkeit**. Die letzte kommt bei der simultanen mehrsprachigen Sprachentwicklung häufig vor, und bei ihr werden die Wörter und die zugeordneten Bedeutungen getrennt erworben und gespeichert.

Bei der „untergeordneten" Mehrsprachigkeit sind die Bedeutungseinheiten in allen betreffenden Sprachen identisch, da sie aus der Erstsprache übernommen werden. Statt des muttersprachlichen Wortes wird lediglich das Wort der weiteren Sprachen benutzt (siehe Abbildung S. 54). Dies kann natürlich teils auch im früheren Zweitspracherwerb stattfinden.

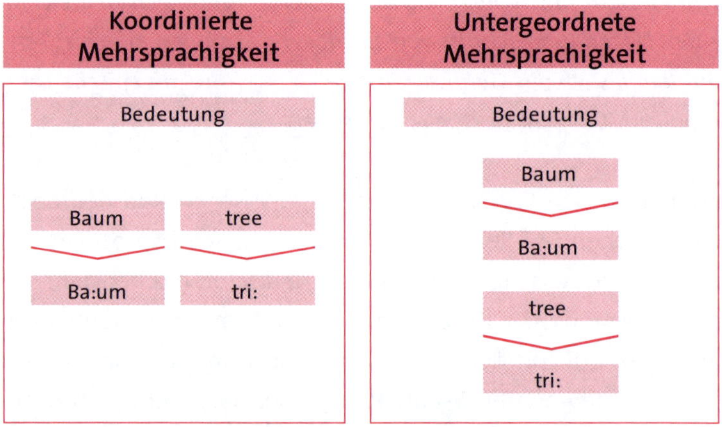

Die Unterscheidung zwischen der koordinierten und untergeordneten Mehrsprachigkeit

Auch das Erlernen grammatischer und morphologischer Strukturen der zweiten oder dritten Sprache findet über die entsprechenden Strukturen der Erstsprache statt. Deshalb tauchen sehr häufig Interferenzen während des Zweitspracherwerbs, aber auch später auf.

Beispiel

Anja ist in Schweden geboren und aufgewachsen. Seit zwanzig Jahren lebt sie in Deutschland und hat vor fünf Jahren den Lehrstuhl für Klinische Psychologie an einer deutschen Universität übernommen. Deutsch hat sie erst im Erwachsenenalter in Deutschland gelernt. Sie kann sich mündlich und schriftlich in der deutschen Sprache sehr gut ausdrücken. Sicherlich hört man bei ihren Vorlesungen ihren schwedischen Akzent, man bewundert sie aber wegen ihres differenzierten deutschen Wortschatzes und der genauen Ausdrucksfähigkeit.

Lernen Kinder eine Zweitsprache schneller und besser als Erwachsene?

Diese Frage wurde sowohl von Laien als auch von Experten seit Jahrzehnten mit „Ja“ beantwortet. Der Zweitspracherwerb im Erwachsenenalter wird, verglichen mit demjenigen im Kindesalter, bis heute noch von den meisten Leuten als schwieriger, mühsamer und langsamer empfunden. Eine Reihe von theoretischen Ansätzen, wie z.B. der kognitionspsychologische oder der affektive Ansatz, unterstützt die These der Überlegenheit der (jüngeren) Kinder gegenüber den Erwachsenen beim Zweitspracherwerb. Dieses basiert auf der Annahme der „sensiblen oder kritischen Periode“. Diese Annahme besagt, dass bei jedem Menschen in der Vorpubertät eine spezielle Sprachlernfähigkeit besteht, die im Erwachsenenalter nachlässt. Doch in vielen empirischen und experimentellen Untersuchungen der Bilingualismusforschung wurde diese Überlegenheit der Kinder nicht bestätigt. Auch die Erwachsenen konnten schnell und effizient, sogar manchmal schneller und effizienter als die Kinder, eine Zweitsprache erlernen.

Kleine Kinder erwerben Sprachen anders als Erwachsene.

Es ist also erwiesen, dass das **Alter** per se beim Erwerb einer zweiten oder dritten Sprache nicht die wichtigste Rolle spielt. Nur beim Erwerb der Phonologie und der Intonation, d.h. bei der Aussprache und dem Sprachrhythmus, konnte sich die These „je jünger desto besser" in den meisten empirischen Untersuchungen bestätigen. Es besteht jedoch Einigkeit unter den Fachleuten, dass kleine Kinder Sprachen auf eine andere Art erwerben als ältere oder Erwachsene (Chilla et al. 2010, Meisel 2011). Neuropsychologischen Untersuchungsergebnissen zufolge übernehmen bei einem früheren Mehrspracherwerb die gleichen Gehirnareale die Verarbeitung der einzelnen Sprachen, während beim späteren Zweitspracherwerb die verschiedenen Sprachen in unterschiedlichen Gehirnarealen verarbeitet werden (Meisel 2011). Ob man Sprachen im früheren Kindesalter besser und schneller als im späteren Alter erwirbt, hängt von einer Reihe von Faktoren ab, wie z.B. von der Quantität und Qualität der sprachlichen Anregungen, mit denen man täglich konfrontiert wird. Aber auch das Prestige, das die Sprachen und die damit verbundenen Kulturen in der Umgebung genießen, und die Motivation, die eine Person hat, diese Sprachen sprechen zu wollen, spielen dabei ebenfalls eine bedeutende Rolle (→ Kap. 4).

Lernen mehrsprachige Kinder anders sprechen als einsprachige?

Nachdem man jahrzehntelang im Rahmen von Einzelfallstudien oder Längsschnittuntersuchungen in der Bilingualismusforschung dieser Frage immer wieder nachging, ist man jetzt überzeugt, dass der Spracherwerb in seinen Grundzügen und in seiner entwicklungsbedingten Reihenfolge bei einsprachigen wie bei mehrsprachigen Kindern gleich abläuft. Die entwicklungsbedingte Reihenfolge wird bei jeder Sprache für sich eingehalten. So kommt es vor, dass einzelne Sprachelemente gleichzeitig und andere zeitlich versetzt erworben werden. Das mehrsprachig aufwachsende Kind hat während der ganzen Sprachentwicklung die zusätzliche Aufgabe, zwischen den Sprachsystemen zu unterscheiden. Es gibt aber keinen Beweis dafür, dass für diese Aufgabe besondere Sprachverarbeitungsstrategien notwendig sind. Es wird angenommen, dass Mechanismen, die bei dieser Differenzierung zum Einsatz kommen, die gleichen sind, die monolinguale Kinder bei den Unterscheidungsvorgängen innerhalb ihrer einen Sprache einsetzen.

Der Spracherwerb läuft bei einsprachigen sowie bei mehrsprachigen Kindern in etwa gleich ab.

Wie lernt ein Kind sprechen?

Jedes Kind lernt in seinen ersten Lebensjahren die Sprache bzw. die Sprachen seiner engsten Umgebung. Für Kinder scheint dies eine Selbstverständlichkeit, eine Art Spiel. Doch genaue Beobachtungen und empirische Untersuchungen zeigen, dass dieser Vorgang insgesamt nicht nur sehr viel Zeit erfordert, sondern

Kinder brauchen viel Unterstützung beim Sprechenlernen.

für die Kinder auch sehr mühselig ist, weil er mit ständigem Üben und großen Anstrengungen verbunden ist. Seitens der Umgebung des Kindes ist dabei besondere Fürsorge, Unterstützung und Aufmerksamkeit erforderlich.

Seit Jahren wird in der Spracherwerbsforschung die Ansicht vertreten, dass jedes Kind mit besonderen, angeborenen Fähigkeiten ausgestattet ist, um eine Sprache zu erlernen. Diese Fähigkeiten helfen ihm, die Sprachanregungen seiner Umgebung zu verarbeiten und seine eigenen Sprachäußerungen zu produzieren. Diese weisen am Anfang noch nicht die phonologische und grammatische Struktur der Umgebung auf, doch mit der Zeit werden sie dem Sprachmuster der Umgebungssprache immer ähnlicher. Am Ende dieser Entwicklung verfügt das Kind über die Sprachfähigkeit, die es ihm erlaubt, mit seiner Umgebung sprachlich zu kommunizieren, ohne sich dabei von den anderen Mitgliedern auffällig negativ zu unterscheiden.

Der Weg bis dahin besteht aus konkreten aufeinander folgenden Schritten, die im Prinzip für alle Kinder mehr oder weniger gleich sind. Was von Kind zu Kind verschieden sein kann, ist die Zeit, die jedes Kind für jeden Entwicklungsschritt braucht. Aber auch die Geschwindigkeit, mit der ein Kind die unterschiedlichen Schritte der Sprachentwicklung macht, kann nicht immer die gleiche sein. Manche Schritte werden mit einer erhöhten Geschwindigkeit, andere langsamer gemacht. Wie die Sprachentwicklung bei jedem Kind abläuft, hängt von einer Reihe von Faktoren ab, die sich gegenseitig beeinflussen (siehe Abbildung S. 59).

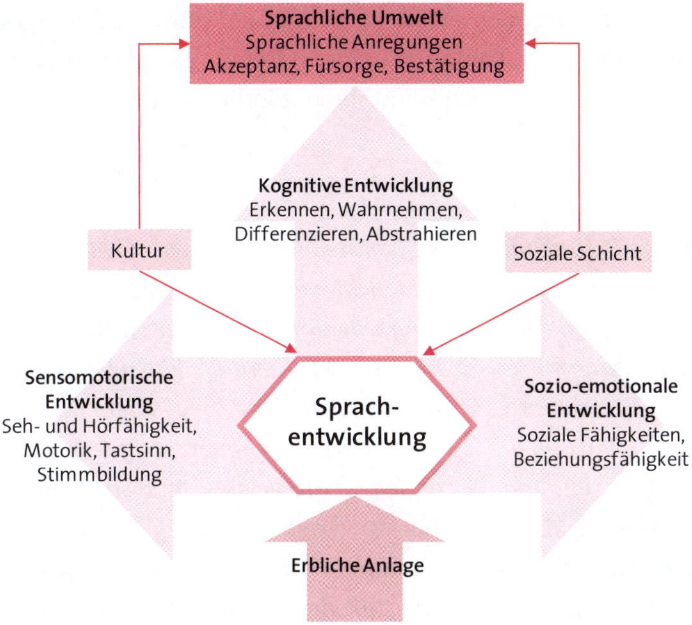

Das Faktorennetz der Sprachentwicklung

Das Umfeld des Kindes, z.B. die soziale Schicht, der das Kind angehört, stellt den Rahmen dar, in dem die Sprachentwicklung stattfindet. Damit das Kind überhaupt sprechen lernt, muss es die Möglichkeit haben, Sprache zu hören. Ob ein Kind reichliche und hilfreiche Sprachanregungen erhält, ob es während der Sprachentwicklung Fürsorge, Akzeptanz und Bestätigung erfährt, hängt von seinem Umfeld ab. Durch die Art, wie die engste Umgebung des Kindes, seine Eltern, seine Geschwister, Freunde und Verwandte oder seine Erzieher es sprachlich fördern und anregen, wird sein Spracherwerb wesentlich beeinflusst.

Die Sprachentwicklung eines Kindes hängt auch von seinem Umfeld ab.

Falls ein Kind in den ersten Jahren seines Lebens keine Sprachanregungen und emotionale Unterstützung von seinem Umfeld erhält, wird es auch keine Sprache lernen können.

Beispiel

Bekannt in der Spracherwerbsforschung ist das Fallbeispiel „Genie". Bei dem Mädchen wurde mit 14 Monaten eine Retardierung festgestellt. Daraufhin sperrten ihre Eltern sie in einem sehr kleinen Raum ein. Sie erhielt keinerlei Sprachanregungen, keine Zuwendung und Zärtlichkeit. Ihre erblindete Mutter versorgte sie nur mit dem Notwendigsten. Der Vater bestrafte sie physisch, wenn sie irgendwelche Geräusche von sich gab. Er und der Bruder bellten sie wie Hunde an. Mit 13 Jahren wurde sie befreit und in eine Klinik gebracht. Sie konnte nicht sprechen, nicht lachen und nicht weinen. Ihre ganze Entwicklung war zurückgeblieben. Trotz der intensiven Förderung, der Zuwendung und der Liebe, die Genie in der Klinik und auch später von ihren Pflegeeltern erhielt, lernte sie nie richtig sprechen. Sie entwickelte zwar ein gutes Sprachverständnis und erwarb einen zufriedenstellenden Wortschatz, doch bei der Bildung von Sätzen machte sie grammatikalische, morphologische und syntaktische Fehler.

Der Erfolg der kindlichen Sprachentwicklung wird nicht allein durch den Einfluss der Umwelt bestimmt. Das Kind selbst spielt beim Spracherwerb natürlich die Hauptrolle. Damit ein Kind überhaupt anfangen kann, sich die Sprache seiner Umgebung anzueignen, muss es vorher von seiner Entwicklung her so weit sein: Es muss nämlich vor Beginn des Spracherwerbs bestimmte grundlegenden Fähigkeiten und Fertigkeiten erworben haben. Der Erwerb und die Entfaltung dieser Fähigkeiten bzw. Fertigkeiten bestimmen auch den Verlauf der Spracherwerbsprozesse (siehe Abbildung S. 59).

Fähigkeiten, die die Spracherwerbsprozesse beeinflussen:

- Alle Fähigkeiten, die ein Kind in seiner **sensomotorischen Entwicklung** erwirbt, zum Beispiel: die Seh- und Hörfähigkeit, die Bewegungsfähigkeit (Fein- und Grobmotorik), der Tastsinn, und die Stimmbildung
- Alle Fähigkeiten, die das Kind im Rahmen seiner **geistigen Entwicklung** erwirbt: sein Erinnerungsvermögen, die Fähigkeit des Erkennens, des Wahrnehmens, des Differenzierens oder der Zuordnung
- Alle Fähigkeiten, die das Kind im Rahmen der **sozial-emotionalen Entwicklung** erwirbt: so die Fähigkeit, Beziehungen zu anderen Menschen aufzubauen und zu pflegen oder die Fähigkeit, anderen Menschen zu vertrauen

Die Sprachentwicklung kann nur dann einsetzen, wenn

- der Erwerb der meisten dieser grundlegenden Fähigkeiten bereits begonnen hat und normal weiter läuft und
- diese Entwicklungsprozesse in Beziehung zueinander stehen („sensomotorische Integration") (Wendlandt 1995, 13).

Wenn sich aber manche dieser Fähigkeiten, aus unterschiedlichen Gründen, nicht weiter entwickeln können oder keine Beziehung mehr zueinander oder zu anderen Fähigkeiten haben, treten Störungen in der Sprachentwicklung auf.

Über die Art und Weise, wie Kinder sprechen lernen, liegen eine Fülle von empirischen Ergebnissen, Befunden und theoretischen Ansätzen vor, die aus Beobachtungen, Experimenten, Untersuchungen oder Tagebüchern stammen. Man entwickelte dabei Modelle, welche die verschiedenen Phasen der Sprachentwicklung und ihre Abfolge bildlich darstellen. Eines davon ist die „Sprachpyramide" (Wendlandt 1995, 23). Anhand einer auf dem Kopf stehenden Pyramide werden die Schritte, die jedes Kind

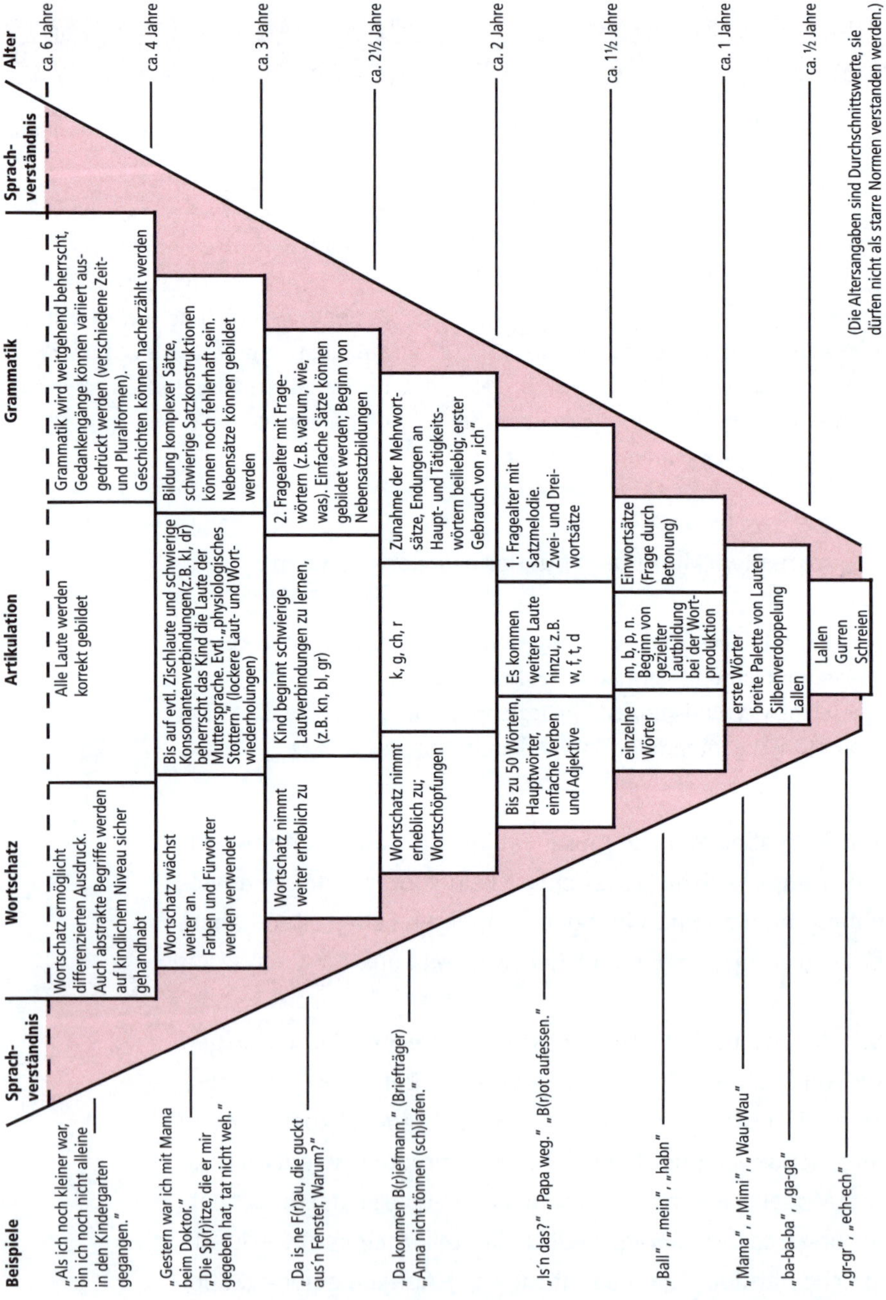

Die Sprachpyramide (Wendlandt 1995, 23)

bei der Entwicklung seines Sprachverständnisses sowie beim Erwerb der Laute bzw. der Lautverbindungen, des Wortschatzes und der Grammatik der Sprache aus seiner Umgebung macht, mit den entsprechenden Altersangaben veranschaulicht (siehe Abbildung S. 62). Dabei wird der zeitliche Ablauf der Sprachentwicklung bis zum Alter von sechs Jahren dargestellt, also bis zu dem Zeitpunkt, an dem jedes Kind normalerweise die Sprache weitgehend erworben hat. Allerdings gibt es auch nach diesem Alter eine Weiterentwicklung bzw. eine Verfeinerung der Sprache.

Die wichtigsten Sprachentwicklungsphasen

Bereits im Alter von vier Tagen können Säuglinge Sprachen mit unterschiedlichen Betonungsmustern erkennen (Friederici 2011). Ab dem vierten Lebensmonat sind sie in der Lage, diese von denen anderer Sprachen zu unterscheiden (Kauschke 2007, zit. in Tsakmaki 2007). Mehrsprachig aufwachsende Kinder scheinen genauso in der Lage zu sein, die rhythmischen und prosodischen Muster jeder ihrer Sprachen zu erkennen und zu unterscheiden (Bosch / Sebastián-Galles 2001, zit. in: Tsakmaki 2007).

Bis zum **Alter von sechs Monaten** versucht das Kind zu lernen, wie es seine Artikulations- und Stimmorgane, d.h. Lippen, Zunge, Gaumen, aber auch seine Atmung gebrauchen kann. Dabei produziert es verschiedene Juchz-, Gurr- und Quietschlaute, mit denen es seine Zufriedenheit, seinen Ärger oder auch seine Bedürfnisse und Wünsche äußern kann. Diese Art von Lauten produziert jedes Kind auf der ganzen Welt. Wie in vielen international vergleichenden Untersuchungen und Studien festgestellt wurde, produzieren Kinder mit unterschiedlichen Erstsprachen in dieser Phase der Sprachentwicklung ähnliche Laute. Auch von mehrsprachig aufwachsenden Kindern sind sol-

In den ersten Monaten produzieren alle Kinder ähnliche Laute.

che Laute bis zum sechsten Monat oder etwas darüber hinaus zu hören. Im Alter von sechs bis zehn Monaten gleichen sich diese „internationalen“ Laute nach und nach den Lauten der Umgebung an. Das Kind produziert also allmählich nur noch solche Laute, die es selbst jeden Tag hört. Mit diesen Lauten bildet es Reihen von Silben, die als „Silbenverdopplungen“ bekannt sind (ma ma ma, ba ba, da da) und sich manchmal wie Wörter anhören. In dieser Zeit behaupten viele Eltern ganz stolz, dass ihr sieben oder acht Monate altes Kind bereits Mama oder Papa sagen kann. Dabei spricht das Kind in diesem Alter meistens noch nicht bewusst die Wörter „Mama“ oder „Papa“ aus.

Das **mehrsprachig aufwachsende Kind** erwirbt erst die einfachen Laute seiner Umgebungssprachen, die meistens auch in all seinen Sprachen identisch sind. Diese Laute sind in der Regel Vokale, die die gleiche Qualität in den Sprachsystemen besitzen, wie /a/, /o/, /u/, /i/, etc. oder auch Konsonanten wie /m/, /b/, /p/, /n/.

Mit **einem Jahr** bilden Kinder die ersten Wörter, die aus einer oder zwei Silben bestehen. Die meisten dieser Wörter gehören der Babysprache an, wie z. B. „tato“ für Auto. Mit jedem neuen Wort, welches das Kind produziert, trainiert es auch die Bildung von Lauten, die es mit der Zeit auch erwirbt.

Der Erwerb von Wörtern geht am Anfang sehr langsam voran. Im Alter zwischen dem 16. und 20. Lebensmonat überrascht das Kind jedoch seine Umgebung, indem es fast jeden Tag eine Reihe von neuen Wörtern produziert und somit seinen Wortschatz innerhalb kurzer Zeit enorm erweitert. Man spricht hier von einem „Wortschatzspurt“ (Grimm 2003).

Beim **mehrsprachig aufwachsenden Kind** können diese Wörter allen seinen Sprachen angehören. So sagt Olivier, der Französisch und Deutsch erzogen wird, z.B. „baba“, wenn er etwas trinken möchte – „baba“ vom Französischen „boire“ (trinken) (Kielhöfer / Jonekeit 2002).

In dieser Entwicklungsphase versucht das Kind, durch einzelne Wörter und eine eigene Sprachmelodie Sätze zu formulieren. So heißt „auf“ in Kindersprache oft „Ich will auf den Arm“; „heia“ bedeutet für viele deutsche Kinder „Ich will schlafen gehen“. Häufig werden mit dem gleichen Wort verschiedene Bedeutungen oder Satzinhalte verbunden: Mit dem Wort „ball“ kann z.B. das Kind Verschiedenes meinen. Entweder „Ich will mit dem Ball spielen“, „Gib mir den Ball“ oder „Der Ball ist weg“.

Das Wort „Ball“ kann in der Babysprache verschiedenes bedeuten.

Mit **zwei Jahren** verfügt das Kind über einen großen Teil der einfachen Sprachlaute. Sein Wortschatz enthält jetzt nicht nur Substantive und „sozial-affektive Ausdrücke“ wie „bitte“ und „danke“ sondern auch Verben, Adjektive und Funktionswörter (Tsakmaki 2007, 23). In den nächsten Monaten wird er explosionsartig erweitert auch mit kreativen Wortneuschöpfungen, wie z.B. „Aufmacher“ für Dosenöffner. Es heißt, dass Kinder am Ende ihres zweiten Lebensjahres über etwa 250 Wörter verfügen. In dieser Zeit fangen sie an, die so genannten „Wortkombinationen“ oder „Zwei- oder Dreiwortsätze“ zu bilden, indem sie zwei oder drei Wörter ganz einfach hintereinander stellen: „opa essen“, „papa weg“, „da auto“, „Maria tasse“.

Mit zwei Jahren erfindet das Kind Wortneuschöpfungen.

Bei einem mehrsprachig aufwachsenden Kind können häufig Zwei- oder Dreiwortsätze gleichzeitig in allen seinen Sprachen auftauchen.

Beispiel

Olivier, ein Deutsch-Französisch sprechender Junge, zeigt auf einen Schneemann, der auf dem Boden liegt und sagt: „Neemann putt – nomme neige casse". (Kielhöfer / Jonekeit 2002)

In den sprachlichen Äußerungen des zweijährigen Kindes tauchen die ersten Fragen auf. Es versteht natürlich viel mehr als es selbst sprechen kann. Sein passiver Wortschatz ist also wesentlich weiter entwickelt als sein aktiver. Ein zweieinhalb-jähriges Kind kann langsam Mehrwortsätze (eine Reihe von vier oder mehr Wörtern) bilden und richtige Fragen stellen. Es ist auch in der Lage, die meisten Laute auszusprechen, doch noch nicht die verschiedenen Lautverbindungen /kl/, /pfl/, /tr/ oder /str/.

Wenn das Kind **drei Jahre** alt ist, kann es einfache Sätze korrekt bilden. Dabei beachtet es immer häufiger grammatische Regeln und versucht die Formen der Verben richtig zu verwenden, was ihm natürlich am Anfang nicht immer gelingt: „Papa ist gegeht" heißt es dann manchmal. Es verwendet häufig in seinen Erzählungen Nebensätze und stellt ‚W-Fragen' (wer, was, wann, wo, warum ...) – wie Lisa: Sie ist fast 3,5 Jahre alt, wird Italienisch und Deutsch erzogen und fragt ihre Freundin: „Dov'é Kitty?" und gleich später „Wo ist Kitty?" (Volterra / Taeschner 1978).

Die Aussprache des Kindes wird mit der Zeit deutlicher, auch wenn es längere mehrsilbige Wörter, wie Marmelade oder Eisenbahn, artikuliert. Da das zweisprachige Kind offenbar Interesse daran hat, das bereits in der einen Sprache erworbene Wort auch in der anderen Sprache zu lernen, stellt es wiederholt die Frage: „Wie sagt Mama (oder Papa) dazu?" Man hat festgestellt, dass 30 % des Wortschatzes von

Ein mehrsprachiges Kind möchte gelernte Wörter auch in den anderen Sprachen lernen.

mehrsprachigen Kindern Wortentsprechungen sind (Tsakmaki 2007, 31).

Immer wieder werde ich von Eltern gefragt, ob ein mehrsprachiges Kind im Vergleich zu einem gleichaltrigen einsprachigen Kind über einen geringeren Wortschatz verfügt. Sie berichten mir dabei, dass Fachleute wie Kinderärzte oder Lehrkräfte ihnen bei Beratungsgesprächen diese Frage mit ja beantworten. Untersuchungsergebnisse und Erfahrungsberichte zeigen jedoch, dass der Gesamtwortschatz eines mehrsprachigen Kindes in allen seinen Sprachen, sich von dem eines monolingualen in der Menge nicht viel unterscheidet. Es gibt sogar mehrsprachig erzogene Kinder, die über einen größeren Wortschatz verfügen als einsprachige (Chilla et al. 2010, 36). Allerdings kann die Zahl der Wörter in jeder einzelnen Sprache kleiner und der Rhythmus des Wortschatzerwerbs anderes sein als der von einsprachigen Kindern (Tsakmaki 2007, 24).

Beim Erwerb der Grammatik hingegen schreiten mehrsprachige Kinder mit der gleichen Geschwindigkeit wie einsprachige voran. Dies gilt vor allem für ihre starke Sprache (Tsakmaki 2007, 26).

Mehrsprachige Kinder erwerben Grammatik genau so schnell wie einsprachige.

Im **vierten Jahr** erweitert das Kind seinen aktiven Wortschatz. Präpositionen, Personalpronomina, Namen von Farben, Zahlen und einige abstrakte Begriffe kommen hinzu. Es kann Gedanken und Geschichten sprachlich darstellen und Bilder beschreiben. Dabei nutzt es immer häufiger die richtige grammatische Form und die entsprechenden Satzstrukturen.

Jetzt kann es Lautverbindungen innerhalb eines Wortes richtig artikulieren, wobei Laute wie /sch/, /s/, /r/, in der Regel noch nicht erworben sind.

Bis zum **sechsten Lebensjahr** kann das Kind meistens alle Laute und Lautverbindungen im Wortkontext aussprechen. Es hat also nicht nur die einzelnen Laute bzw. Lautverbindungen erworben, sondern auch die Regeln des Lautsystems seiner Sprache gelernt und kann jetzt jedes Phonem entsprechend seiner Bedeutung angemessen einsetzen. Es verfügt über einen breiten aktiven und passiven Wortschatz mit vielen abstrakten Begriffen und Oberbegriffen. Die Struktur und die grammatische Form seiner Sätze sind meistens richtig. Das Kind kann jetzt, kurz vor der Einschulung, komplizierte Gedankengänge sprachlich meistens korrekt ausdrücken.

Welche Besonderheiten gibt es in der simultanen mehrsprachigen Sprachentwicklung?

Ein Sprachsystem oder zwei bzw. drei Sprachsysteme?

Wie vorher erwähnt, herrscht die Meinung vor, dass das mehrsprachige Kind Sprachen im Großen und Ganzen genauso lernt wie ein einsprachiges Kind. Das mehrsprachige Kind muss während der Sprachentwicklung zwischen seinen Sprachen zu unterscheiden lernen. Ausgehend von diesen Tatsachen stellt sich von selbst die Frage: Entwickelt das mehrsprachige Kind beim Sprechenlernen von Anfang an ein gemeinsames Sprachsystem für jede seiner Sprachen oder mehrere unterschiedliche Sprachsysteme? Bis jetzt ist diese Frage noch nicht eindeutig beantwortet.

Nicht eindeutig geklärt: Von Anfang an für jede Sprache ein Sprachsystem?

Es gibt eine Gruppe von Wissenschaftlern, die überzeugt ist, dass mehrsprachige Kinder von Anfang an in der Lage sind, ihre Sprachen auseinander zu halten und sie deshalb mehrere unterschiedliche Sprachsysteme bereits in den ersten Monaten ihres Lebens entwickeln. Bei der simultanen mehrsprachigen Sprachentwicklung handelt es sich also um mehrere getrennt voneinander ablaufende Erwerbsprozesse, die im Prinzip parallel zueinander verlaufen.

Andere Wissenschaftler vertreten die Meinung, dass das mehrsprachige Kind zuerst ein gemeinsames Sprachsystem entwickelt. Im Laufe der Sprachentwicklung wird dann dieses System nach und nach in mehrere unterschiedliche Sprachsysteme differenziert.

Die Erfahrungen, die ich bei der Sprachentwicklung meiner Tochter und auch bei anderen mehrsprachig aufwachsenden Kindern machte, sprechen eher für die Annahme eines von Anfang an einheitlichen Sprachsystems. Dieses System beinhaltet Sprachelemente aus allen betreffenden Sprachen und wird nach und nach differenziert und separiert. Auch die Informationen und Daten, die aus Einzelfallstudien von mehrsprachig erzogenen Kindern vorliegen, belegen eher diese Annahme, die folgende Fragen nach sich ziehen:

- Ab wann fängt das mehrsprachige Kind an, zwischen seinen Sprachen zu unterscheiden und dadurch mehrere unterschiedliche Sprachsysteme zu entwickeln?
- Wie verlaufen die Erwerbsprozesse auf den verschiedenen Sprachebenen ?

Zur Beantwortung dieser Fragen wurde das „Drei-Stufen-Modell" von einem mehrsprachigen Elternpaar Ende der 1970er

Jahre entwickelt. Sie haben ihre beiden Töchter, Lisa und Giuila, zweisprachig, Deutsch und Italienisch, erzogen.

Das „Drei-Stufen-Modell"

Dieses Modell beschreibt die Sprachentwicklung zweisprachiger Kinder im Alter von ein bis drei Jahren. Allerdings bezieht es sich nur auf die Entwicklung des Wortschatzes (lexikalisches System) und der Grammatik (grammatisches System). Zum Erwerb der Aussprache werden Informationen nur am Rande gegeben.

Das Drei-Stufen-Modell unterscheidet folgende Stufen in der Sprachentwicklung zweisprachiger Kinder:

- 1. Stufe: Das Kind hat ein lexikalisches System, das Wörter aus beiden Sprachen einschließt.
- 2. Stufe: Das Kind hat zwei unterschiedliche lexikalische Systeme, aber nur eine Grammatik.
- 3. Stufe: Das Kind verfügt über je ein lexikalisches und ein grammatisches System.

Volterra und Taeschner beschreiben im Einzelnen wie folgt ihr Entwicklungsmodell:

1. Stufe: ein gemeinsames Sprachsystem, das Wörter aus beiden Sprachen enthält (Alter: ca. ein bis zwei Jahre):

Der Wortschatz des zweisprachigen Kindes besteht aus Wörtern beider Sprachen.

Das zweisprachige Kind befindet sich im Sprachentwicklungsstadium der Ein-Wort-Äußerung. Es verwendet ein Wort, um seine Gedanken, Wünsche oder Bedürfnisse zu äußern: Giulia sagt z.B. „upa", wenn sie auf den Arm genommen werden möchte (Volterra / Taeschner 1978). Für jeden Gegenstand verfügt das Kind meistens aktiv über ein Wort, das aus einer der beiden Sprachen stammt. In welcher Sprache es dieses Wort verwendet, hängt davon ab, in welcher Sprache es das Wort zum ersten Mal oder am häufigsten hörte. Wenn es ein Wort in der einen Sprache einmal kennt, verwendet es in dieser Phase das damit korrespondierende Wort aus der anderen Sprache in der Regel nicht.

Manchmal geben Kinder Wörtern aber auch neue Bedeutungen. So verwendete Lisa im Alter von einem Jahr das italienische Wort „la“ (= da) für Dinge, die sie nicht sehen konnte, während sie das deutsche Wort „da“ für Dinge, die sie sehen konnte, benutzte (Volterra / Taeschner 1978).

Der Wortschatz beinhaltet in dieser Phase auch Wörter, die in keiner der betreffenden Sprachen existieren, die von ihnen konstruiert werden. Zwei Arten solcher Wörter kommen häufig vor:

- die so genannten **„Blends“**: Sie werden durch die lautliche Verschmelzung zweier Wörter mit gleicher Bedeutung aus beiden Sprachen konstruiert. So ist „shot“ z.B. eine Verschmelzung aus dem französischen Wort „chaud“ für „heiß“ und dem englischen „hot“;
- **zusammengefügte Wörter**: Sie werden vom Kind konstruiert, indem es zwei unterschiedliche Wörter aus beiden Sprachen zusammenfügt. „Löchermaker“ kann dann für „Locher“ stehen.

Sowohl „Blends“ als auch die zusammengefügten Wörter gelten in der Bilingualismusforschung als Hinweise auf ein einziges in dieser Phase existierendes Sprachsystem.

Manchmal bildet das zweisprachige Kind in dieser Phase auch Zwei- oder Drei- Wort-Äußerungen. Sie bestehen aus Mischungen von Wörtern aus beiden Sprachen und weisen keine syntaktischen Strukturen auf.

Beispiel

„Mama tita daki“

„tita“ kommt aus dem Italienischen „matita“ (Stift)

„daki“ stammt von dem deutschen Wort „danke“ (Volterra / Taeschner 1978).

2. Stufe: zwei lexikalische Systeme, aber nur eine Grammatik (Alter: ca. zwei bis drei Jahre):
In dieser Phase findet eine explosionsartige Erweiterung des Wortschatzes statt. Das zweisprachige Kind versucht, für jedes Wort, das es in der einen Sprache kennt, das Äquivalent in der anderen Sprache zu erfahren und zu erwerben. Es fragt oft danach. Es baut sich langsam seinen Wortschatz aus Wörtern auf, die dieselben Gegenstände und Handlungen in beiden Sprachen bezeichnen. Es verfügt inzwischen auch über die kognitive Reife, die es ihm erlaubt, die bereits erworbenen Wörter je nach Sprache zu kategorisieren. Für diese Unterscheidung und Einordnung wendet es häufig den Satz an: **„So sagt die Mama.“** Oder: **„So sagt der Papa“**. Damit bildet es langsam zwei getrennte unterschiedliche lexikalische Systeme aus.

Für diese Phase sind Sprachmischungen typisch.

In dieser Stufe finden sich noch oft Äußerungen, die Elemente beider Sprachen enthalten (Sprachmischungen). Dies ist offensichtlich der Fall, wenn ein schwieriges Wort nur in einer Sprache vorhanden ist. Sprachmischungen sind charakteristisch für diese Entwicklungsphase.

Beispiel

Lisa wird zweisprachig, Deutsch und Italienisch, erzogen. Sie sagt mit 2,5 Jahren zu ihrer Mama: „La panna da oben ada." (Die Sahne ist da oben, schau.) oder: „Spetta lass zu Lisa komm ida, bene? Bene." (Volterra / Taeschner 1978).

Allmählich wird dem zweisprachigen Kind bewusst, dass in seiner Umgebung zwei verschiedene Sprachen gesprochen werden. Dies zeigt sein Sprachverhalten. Und während es in dieser Zeit über zwei getrennte Lexika verfügt, ist es noch nicht in der Lage, die beiden Sprachen syntaktisch und morphologisch auseinander zu halten. Seine Äußerungen weisen noch keine richtige morphologische oder syntaktische Struktur auf, die der einen oder anderen Sprache ähnlich oder identisch ist. Es bildet oft Mischäußerungen, die eigentlich den genauen Stand reflektieren, den das zweisprachige Kind jedes Mal in der Grammatik und Syntax jeder Sprache erreichen konnte. Wenn das bilinguale Kind über eine Struktur in der einen Sprache nicht verfügt, leiht es sie aus der anderen Sprache (grammatische Sprachmischungen).

Beispiel

Hanna, die englisch- und deutschsprachig aufwächst, bildet mit fast drei Jahren folgende Sätze: „Kannst du move a bit?" oder „Ich habe gemade you much better". Ein paar Monate später erscheint auch ein englisches Modalverb in ihren Mischäußerungen: „He should warten for us", d. h. das Englische holte den Vorsprung des Deutschen auf. (Tracy 1996, 87)

3. Stufe: zwei lexikalische und zwei grammatische Systeme (Alter: älter als drei Jahre):
In dieser Phase lernt das bilinguale Kind, im Rahmen einer Reihe von Erwerbsprozessen auch zwei getrennte syntaktische Systeme zu entwickeln. Langsam wird es ihm bewusst, dass den in seiner Umgebung produzierten Äußerungen zwei unterschiedliche Systeme von Regeln zugrunde liegen. Und diese Regeln versucht es bei seinen eigenen Äußerungen immer wieder aktiv einzusetzen. Dies führt oft zu Fehlern, die die Form einer Übergeneralisierung der jeweiligen eingesetzten Regel aufweisen.

Durch die Reaktion der Umgebung auf seine falschen Äußerungen erkennt das bilinguale Kind, wann und wie es jede Regel einsetzen soll. Auf diese Weise erwirbt es nach und nach das syntaktische System jeder seiner beiden Sprachen und verfügt bis zum Ende dieser Phase über zwei verschiedene Sprachsysteme. Allerdings sagen Volterra und Taeschner nicht eindeutig, bis wann die zweisprachige Sprachentwicklung abgeschlossen sein sollte.

Am Ende der dritten Stufe verfügt das Kind über zwei Sprachsysteme.

Wenn das Kind in einer Umgebung aufwächst, in der jede Sprache einer bestimmten Person zugeordnet ist, kann es in dieser Entwicklungsphase seinen jeweiligen Kommunikationspartner in der entsprechenden Sprache ansprechen. So entwickelt es langsam die Fähigkeit, während des Sprechens, je nach Gesprächspartner, aus der einen Sprache in die andere zu wechseln – meistens ohne Schwierigkeiten („Code-Switching“).

Beispiel

Der etwa 2,5 Jahre alte, englisch- und deutschsprachige Frank fragt seinen Bruder: „What ist that, Tom?“ Nachdem Frank drei Mal die gleiche Frage stellte und von seinem Bruder keine Antwort bekam, stellt er die gleiche Frage auf Deutsch: „Was ist das, Tom?“ Daraufhin antwortet Tom: „Das ist ein Auto, Frankie.“ (Saunders 1982)

Sprachmischungen erscheinen normalerweise während dieser Phase nicht mehr so oft in den Äußerungen des bilingualen Kindes. Dauer und Vollendungsgrad dieser dritten Phase hängen von einer Reihe von Faktoren ab, wie z.B.

- vom Kind selbst, d.h. von seiner Persönlichkeit und von seiner Begabung,
- von der Einstellung der Bezugspersonen zu gemischten Äußerungen,
- von der Intensität und dem Ausmaß des Kontaktes zu beiden Sprachen (Sprachangebot).

Wenn die beiden Sprachsysteme dann getrennt sind, heißt es sicherlich nicht, dass sich die Sprachen des Kindes weiterhin nicht gegenseitig beeinflussen. Insbesondere wird die weniger gebrauchte Sprache, die schwache Sprache, durch die starke Sprache negativ beeinflusst. Dies führt häufig zur Erscheinung von Interferenzen bzw. Sprachmischungen. Diese Spracherscheinungen gehören zum normalen Verlauf einer simultanen mehrsprachigen Sprachentwicklung und stellen deshalb keinen Grund zur Beunruhigung dar. In den letzten Jahren wird in der Fachliteratur eher davon ausgegangen, dass das mehrsprachig erzogene Kind bereits sehr früh (nach Meisel 2011 bereits mit einem Jahr und zehn Monaten) in der Lage ist, zwischen den Sprachen seiner Umgebung zu unterscheiden. Insbesonders in den grammatischen und pragmatischen Bereichen erwirbt das mehrsprachige Kind ziemlich früh unterschiedliche Systeme, die den einsprachigen ähnlich sind. (Genesse, Paradis / Crago 2004, zit. in: Tsakmaki 2007; Meisel 2011).

Die Sprachentwicklung mehrsprachiger Kinder verläuft in drei Stufen. Meist entwickelt sich dabei eine „starke Sprache".

Die Sprachentwicklung bei Mehrsprachigkeit

Ein Kind lernt von Geburt an zwei oder drei Sprachen fast genauso gut, wie es eine Sprache lernt. Am Anfang erwirbt es die einfachsten, meistens gemeinsamen Laute seiner Sprachen, wie /m/, /b/, /t/ und spricht ein- oder zweisilbige einfache Wörter. Später verfügt es über schwierigere Laute oder Lautverbindungen, wie /sch/, /str/, /br/, und es kann mehrsilbige Wörter aussprechen. Zuerst erwirbt es dann Verben und Substantive, später Funktionswörter, Adjektive und Adverbien. Seine Gedanken, Wünsche oder Bedürfnisse äußert es zuerst in einfachen Ein- oder Zweiwortsätze. Mit der Zeit lernt es, längere Sätze zu bilden. Komplizierte Nebensätze werden erst viel später richtig gebildet. Bereits früh kann das Kind zwischen den Sprachen seiner Umgebung unterscheiden. Ein mehrsprachig aufwachsendes Kind braucht in etwa die gleiche Zeit wie ein einsprachiges Kind, um seine Sprachen zu erwerben, es entwickeln sich aber nicht all seine Sprachen gleich gut. Meistens ist es so, dass sich die eine Sprache viel weiter entwickelt als die anderen (starke Sprache). Auch der Wortschatz in den verschiedenen semantischen Feldern entwickelt sich nicht in all seinen Sprachen parallel und gleich. Häufig tritt bei mehrsprachigen Kindern der Fall ein, dass sie den Wortschatz zu manchen semantischen Feldern nur in einer der Sprachen erwerben.

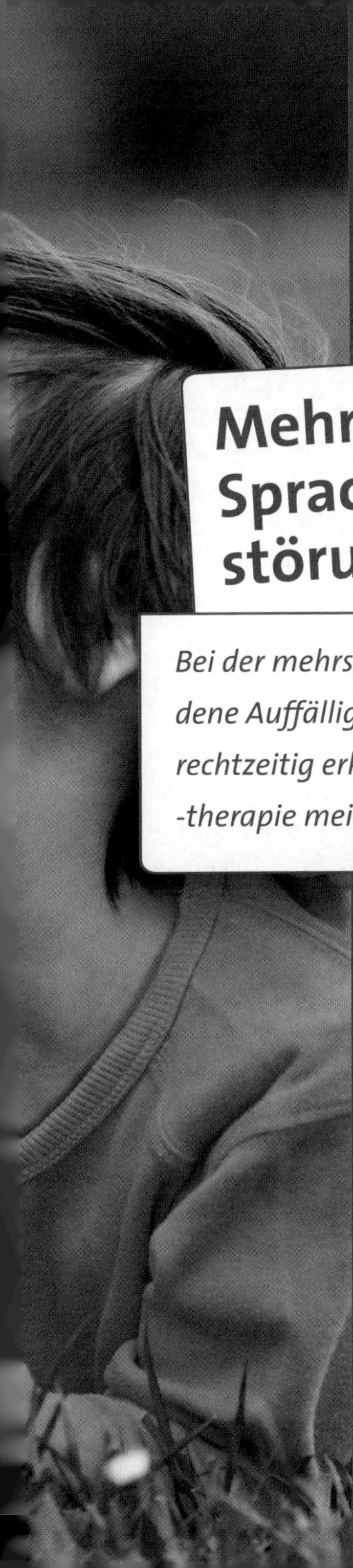

Mehrsprachigkeit und Sprachentwicklungsstörungen

Bei der mehrsprachigen Sprachentwicklung können verschiedene Auffälligkeiten und Störungen auftreten. Werden diese rechtzeitig erkannt, können durch Sprachförderung bzw. -therapie meist deutliche Verbesserungen erzielt werden.

3

Sind Verzögerungen bei einer simultanen mehrsprachigen Sprachentwicklung normal?

Beispiel

Katy ist zwei Jahre alt und kann bis jetzt außer „Mama“ und „Papa“ kein anderes Wort richtig artikulieren. Sie versteht zwar sehr viel, aber selber kann sie nur „unverständliches Zeug“ reden, sagt die Mutter, die sehr verzweifelt ist. Katys Mutter kommt aus Tschechien und ihr Vater ist Deutscher. Beide sprechen mit Katy jeweils in ihrer eigenen Erstsprache, d. h. die Muttersprache von Katy ist Tschechisch, die Vatersprache, auch Familiensprache und Umgebungssprache, ist Deutsch. Die Familie lebt seit vielen Jahren in Berlin.

Wir haben bis jetzt besprochen, wie die simultane mehrsprachige Sprachentwicklung normalerweise verläuft. Es ist uns allen aber klar, dass es durchaus Abweichungen von den Prozessen und den angegebenen Zeitpunkten geben kann. Nicht alle mehrsprachig erzogenen Kinder können z. B. mit sechs Monaten ihre ersten Laute aussprechen. Genauso wenig kann jedes mehrsprachig aufwachsende Kind mit zwei Jahren über verschiedene lexikalische Systeme verfügen.

Unterschiede in der Sprachentwicklung

Bei einem normalen Verlauf einer Sprachentwicklung sind individuelle Unterschiede, sowohl bezüglich der Zeit des Vorkommens einer Entwicklungsstufe als auch der Reihenfolge der Erwerbsprozesse, ganz natürlich und normal.

Aus Längsschnitt- und aus Einzelfallstudien wird berichtet, dass bei mehrsprachig aufwachsenden Kindern häufig der Fall auftritt, dass sie ein paar Monate später als monolinguale gleichaltrige Kinder ihre ersten Wörter aussprechen. Studien zeigen, dass monolinguale Kinder im Alter von circa 12 bis 14 Monaten anfangen, ihre ersten Wörter zu produzieren und mit etwa 18 Monaten bereits über den Wortschatz der ersten 50 Wörter verfügen. Um das zweite Lebensjahr können sie über 100 Wörter produzieren (Grimm 2003). Es gibt jedoch auch mehrsprachige Kinder, die erst mit 24 Monaten oder später den Wortschatz der ersten 50 Wörter beherrschen. Es kann auch sein, dass ihre Sätze in der einen oder anderen Sprache nicht die gleiche Struktur aufweisen wie die Sätze gleichaltriger monolingualer Kinder. Doch kann man mit einer ziemlich großen Sicherheit behaupten, dass die mehrsprachig erzogenen Kinder, wenn bei ihnen kein Grund für eine Sprachstörung vorliegt, mindestens eine ihrer Sprachen fast in der gleichen Zeit wie einsprachige Kinder erwerben werden.

Die Sprachentwicklung verläuft in der Regel in mindestens einer Sprache normal schnell.

Häufig tritt der Fall auf, dass nicht alle Sprachen parallel und mit dem gleichen Tempo entwickelt werden. Dies bedeutet, dass die einzelnen Entwicklungsstufen der betreffenden Sprachen nicht synchron verlaufen können. Ab einem gewissen Zeitpunkt entwickelt sich die eine der Sprachen schneller als die andere und kann am Ende der Sprachentwicklung etwa das Niveau erreichen, das auch die gleichaltrigen monolingualen Kinder aufzeigen. Diese Sprache bildet dann die „starke" Sprache des Kindes. Die anderen Sprachen entwickeln sich zwar auch parallel dazu, aber sehr langsam und in der Regel können sie das Niveau der „starken" Sprache, auch in späteren Jahren, nicht erreichen.

Warum entwickelt sich die eine Sprache ‚normal', während die andere zurückbleibt?

Meistens liegt dieser Unterschied in der Entwicklung zwischen den Sprachen am Sprachangebot, welches das mehrsprachig erzogene Kind von seiner Umgebung erhält. Wenn es die meiste Zeit nur die eine seiner Sprachen hört, ist es selbstverständlich, dass sich diese Sprache normal entwickeln kann. Wenn das Kind wenige Möglichkeiten erhält, die anderen Sprachen seiner Umgebung zu hören und in diesen Sprachen kommunizieren zu können, ist es nicht verwunderlich, dass es diese Sprachen nicht sehr gut beherrschen wird.

Für die Entwicklung der verschiedenen Sprachen ist mit entscheidend, wie das Angebot in jeder der betreffenden Sprache in der Umgebung des Kindes aussieht.

Tipp

→ *Für mehrsprachige Kinder ist ein vielfältiges Sprachangebot in allen ihren Sprachen wichtig.*

In diesen Sprachen können dann Verzögerungen in den verschiedenen Entwicklungsstufen auftreten. Es kann z.B. sein, dass das Kind mit fünf Jahren in diesen Sprachen immer noch über einen begrenzten Wortschatz verfügt, dass es viele Laute dieser Sprachen nicht richtig aussprechen kann und seine Sätze in der Regel dysgrammatisch (grammatisch falsch gebildet) sind. Das heißt nicht, dass das Kind sprachgestört ist und eine Sprachtherapie benötigt. Liegt eine Sprachstörung vor, so tritt diese normalerweise in all seinen Sprachen auf, wie wir später sehen werden. Wenn ein mehrsprachig erzogenes Kind in der einen Sprache ein normales Entwicklungsniveau aufweist, in den anderen aber eine Entwicklungsverzögerung zeigt, weist dies eindeutig darauf hin, dass das Kind keine Sprachstörung hat und keine Sprachtherapie braucht. Damit sich auch die anderen Sprachen weiterentwickeln können, ist es notwendig, dem Kind reichliche sprachliche Anregungen in diesen Sprachen anzubieten. Es sollte eine intensive und gezielte Sprachförderung durchgeführt werden.

Eine Sprachstörung liegt vor, wenn sie in allen Sprachen auftritt.

Verursacht der Erwerb mehrerer Sprachen eine Sprachstörung?

Betroffene und interessierte Eltern stellen häufig die Frage: „Kann der gleichzeitige Erwerb mehrerer Sprachen die Ursache für eine Sprachstörung sein?“

Leider findet man auch heutzutage immer noch Ärzte, Pädagogen und Psychologen, die die Meinung vertreten, die mehrsprachige Erziehung könnte eine Überforderung für ein Kind sein und deshalb eine Sprachstörung hervorrufen. Nach mehrjähriger sprachtherapeutischer Tätigkeit bei zweisprachigen Kindern mit Sprachstörungen kann ich behaupten, dass der Erwerb mehrerer Sprachen auf keinen Fall allein der Grund dafür sein kann, dass ein Kind die eine oder die andere Sprachstörung zeigt. Der Faktor ‚Mehrsprachigkeit‘ kann bei einer Sprachstörung von mehrsprachigen Kindern eher die Rolle eines Multiplikators haben. Was bedeutet das?

Die Mehrsprachigkeit kann nicht allein der Grund für eine Sprachstörung sein.

Eine Sprachstörung tritt bei mehrsprachigen wie auch bei monolingualen Kindern nur dann auf, wenn eine Reihe von belastenden Bedingungen vorhanden sind.

Faktoren, die eine Sprachstörung hervorrufen können:

- Eine Verzögerung der Gesamtentwicklung des Kindes oder von bestimmten Bereichen in seiner Entwicklung, wie z.B. der motorischen, senso-motorischen, akustischen, geistigen oder auch emotionalen Entwicklung.
- Eine Minderung der akustischen Differenzierungsfähigkeit. Demnach kann das Kind sehr gut hören, zeigt aber große Schwierigkeiten, verschiedene oder ähnliche Laute akustisch zu unterscheiden und sie wahrzunehmen.
- Eine Unterentwicklung des Tastsinnes. Dies kann sich z.B. darin äußern, dass das Kind Schwierigkeiten hat, die Lage und die Bewegungsrichtung von Körperteilen (Zunge, Lippen) zueinander ständig wahrzunehmen und sehr schnell zu steuern.
- Eine Verarmung des sprachlichen Angebots der Umgebung des Kindes. Wenn das direkte Umfeld des mehrsprachigen Kindes wenige bzw. zu viele oder auch nicht die richtigen sprachlichen Muster im Rahmen der täglichen Kommunikation anbietet.
- Die Eltern sind sehr beschäftigt und haben wenig Zeit und vielleicht auch wenig Lust, sich mit ihrem Kind zu beschäftigen – mit ihm zu spielen, ihm vorzusingen oder ihm Geschichten zu erzählen bzw. vorzulesen.

Wenn bei einem mehrsprachig erzogenen Kind einige der oben dargestellten Bedingungen zusammenkommen, kann eine Sprachstörung durch die zusätzliche Belastung des Erwerbs mehrerer unterschiedlicher Sprachen hervorgerufen werden. Die Symptome dieser Störung können aufgrund der Mehrsprachigkeit intensiv, manchmal sogar intensiver als bei monolingualen Kindern, auftreten.

Beispiel

Die fünfjährige Anne wird zweisprachig erzogen. Sie soll Deutsch und Italienisch lernen. Anne besucht einen deutschen Kindergarten in Lindau, wird aber von den anderen Kindern nicht verstanden, obwohl sie Deutsch sprechen kann. Ihre Aussprache ist nicht deutlich, sagen die Kindergärtnerinnen. Anne ist seit zwei Monaten bei einer Logopädin in Behandlung, die feststellte, dass ein großer Teil der deutschen Laute von der Störung betroffen sind. Die Logopädin ist der Meinung, dass, wenn Anne nicht zweisprachig wäre, ihre Sprachstörung nicht in diesem Ausmaß auftreten würde.

Sprachliche Auffälligkeiten werden auch in der Kita bemerkt. Es ist wichtig, dass Eltern und Erzieherinnen sich gegenseitig gut informieren.

Die Sprachdiagnostik und -therapie einer Sprachstörung bei mehrsprachig aufwachsenden Kindern ist meistens komplizierter und kann länger als bei monolingualen Kindern dauern. Auch der Therapieerfolg fällt in der Regel geringer als bei einsprachigen Kindern aus. Dies wurde bei einer Umfrage der LMU München im Jahre 2007 von der Mehrzahl der befragten Sprachtherapeuten bestätigt (Triarchi-Herrmann, 2009). Man kann jedoch nicht eindeutig sagen, woran es liegt, dass die Sprachtherapie von mehrsprachigen Kindern sich schwieriger gestaltet und sich die Sprachtherapeuten unsicherer fühlen als bei der Sprachtherapie von einsprachigen Kindern. Ein Grund dafür könnte z.B. sein, dass die Störungen bei mehrsprachigen Kindern intensiver auftreten als bei einsprachigen, eine Behauptung, die von einigen Autoren nicht vertreten wird (Kieferle 2011). Es kann aber auch daran liegen, dass die meisten deutschen Sprachtherapeuten bei der Sprachdiagnostik und -therapie von mehrsprachigen Kindern genauso wie bei einsprachigen Kindern handeln, d.h. die gleichen Materialien und Methoden wie bei einsprachigen Kindern verwenden. Es gibt auf dem Markt bis heute immer noch nur wenige sprachheildiagnostische und -therapeutische Materialien, die speziell für mehrsprachige Kinder entwickelt sind (Triarchi-Herrmann 2007, Kreutzmann / Hecking 2011). Als Grund kann ebenso die Tatsache genannt werden, dass die meisten sprachtherapeutischen Interventionen nicht mehrsprachig stattfinden, sondern einsprachig, in der Regel in Deutsch, d.h. in der Zweitsprache des Kindes ohne dabei Rücksicht auf die Erstsprache zu nehmen (Triarchi-Herrmann 2009).

Sprachtherapie zeigt bei mehrsprachigen Kindern häufig nicht den gleichen Erfolg wie bei einsprachigen.

Welche Sprachstörungen treten bei einer mehrsprachigen Sprachentwicklung auf?

Wie bei einer monolingualen, so können auch bei einer mehrsprachigen Sprachentwicklung Schwierigkeiten und Störungen auftreten. Es ist normal, dass bei einer Entwicklung nicht immer und nicht alles nach Plan verläuft. Und bis zu einem gewissen Punkt ist eine aufgetretene Schwierigkeit kein Grund zur Besorgnis. Sie könnte sogar auf einen bevorstehenden physiologischen Entwicklungsschritt des Kindes hinweisen. Doch es gibt auch Schwierigkeiten, die ernst zu nehmen sind. Sie sind Zeichen, dass das Kind Hilfe und Unterstützung in seiner Sprachentwicklung braucht. Damit Eltern und Erzieher aber diese Unterstützung ihrem Kind geben können, sollten sie sich zuerst die Meinung von Spezialisten, am besten von Sprachtherapeuten, einholen. Sie verfügen über die nötige Kompetenz, die Schwierigkeiten des Kindes genau zu beobachten und zu diagnostizieren und dann dem Kind adäquate Hilfe anzubieten. Außerdem müssen Eltern und Erziehungsberechtigte von ihnen lernen, sich ‚richtig' zu verhalten. Es gibt zwei zentrale Fragen, die sich in diesem Zusammenhang stellen:

- Welche Schwierigkeiten des Kindes könnten ein Zeichen dafür sein, dass vielleicht eine Störung in seiner Sprachentwicklung vorliegt?
- Ab wann sollte man eine Sprachtherapeutin aufsuchen?

Um diese Fragen beantworten zu können, ist es notwendig und auch wichtig, zunächst verschiedene mögliche Störungen einer Sprachentwicklung kennen zu lernen. Wichtig sind dabei die Hinweise über den Zeitpunkt, ab dem eine Sprachschwierigkeit als Störung betrachtet werden muss.

Bei der mehrsprachigen Sprachentwicklung können genau dieselben Störungen wie bei der monolingualen Sprachenentwicklung auftreten. Sie können die Entwicklung der Aussprache, der Prosodie, des Wortschatzes oder der Grammatik betreffen.

Die vier häufigsten Sprachstörungen im Kindesalter sind:

- Aussprachestörungen
- Dysgrammatismus
- Sprachentwicklungsstörungen
- Stottern

Aussprachestörungen

Das Kind „stammelt", wenn es bestimmte Laute eines Wortes nicht deutlich ausspricht. Die Störung kann dabei einen, zwei oder mehrere Laute bzw. Lautverbindungen betreffen. Es kommt vor, dass das Kind die betroffenen Laute nicht ausspricht und „ose" statt „Rose", „laus" statt „Klaus" sagt oder sie durch andere ersetzt: z. B. „lose" statt „Rose".

Es kann auch sein, dass das Kind mehrsilbige Wörter vereinfacht ausspricht: „lade" statt „Schokolade", „bahn" statt „Eisenbahn". Diese Artikulationsschwierigkeiten hat im Prinzip jedes Kind, während es das Sprechen lernt. Kein Kleinkind schafft es auf Anhieb, alle Laute der Sprache seiner Umgebung gleich richtig zu artikulieren. Während die meisten Kinder mit ca. vier Jahren die Mehrzahl der Laute ihrer Sprache korrekt aussprechen können, weist ein Teil von ihnen (5–10 %) Schwierigkeiten bei ihrer Aussprache auf. Manche Kinder zeigen Schwierigkeiten, bestimmte Laute isoliert auszusprechen (phonetische Störung). Andere können zwar alle Laute ihrer Sprache einzeln

Aussprachestörungen können sich auf verschiedene Arten äußern.

aussprechen, haben aber Probleme im Wortzusammenhang (phonologische Störung). Andere wiederum zeigen bei ihrer Aussprache beide Arten von Schwierigkeiten. Sie sprechen undeutlich und werden manchmal von ihrer Umgebung kaum verstanden. Dies kann unterschiedliche Gründe haben, wie z.B. eine genetische Disposition, organische Veränderungen im Mund- und Gesichtsbereich, Mittelohrentzündungen, psychosoziale Komponenten oder prä- und perinatale Probleme (Fox et al. 2005). Diese Sprachstörung wird als „Aussprachestörung“ bezeichnet. Im deutschen Sprachraum ist sie auch als „Stammeln“, „Dyslalie“, „Artikulationsstörung“ und „phonetisch-phonologische Störung“ bekannt.

Ab welchem Alter ist es nicht mehr ‚normal‘, wenn ein Kind ‚stammelt‘?

Normalerweise sollte ein Kind bis zu seinem vierten Lebensjahr die meisten Laute seiner Umgebungssprache sowohl isoliert als auch innerhalb eines Wortes aussprechen können. Falls es mit vier Jahren immer noch eine undeutliche Aussprache hat und von seiner Umgebung nicht verstanden wird, ist es höchste Zeit, einen Sprachtherapeuten aufzusuchen. Wir wissen, dass das Prinzip der Früherkennung auch für die Sprachtherapie sehr wichtig ist.

Kann das Kind mit fünf Jahren nur bestimmte Laute, wie z.B. /s/, /th/ oder /r/ noch nicht richtig aussprechen, sollte ebenfalls eine Sprachtherapeutin aufgesucht werden. Um Problemen beim Schriftspracherwerb vorzubeugen, darf das Kind zum Zeitpunkt der Einschulung keine Artikulationsstörungen aufweisen. Deshalb wird Eltern dringend empfohlen, einen Termin bei einem Sprachtherapeuten zu vereinbaren, wenn

Früherkennung ist für die Sprachtherapie wichtig.

sie merken, dass ihr fünfjähriges Kind mit dem Aussprechen des einen oder des anderen Wortes Schwierigkeiten hat.

Bei mehrsprachigen Kindern treten Artikulationsstörungen in all ihren Sprachen auf. Die Störungen können dann Laute betreffen, die in den betreffenden Sprachen vorhanden sind, oder auch Laute, die nur in der einen Sprache vorkommen. Auch deshalb ist es am besten, wenn die Therapie nicht nur in einer Sprache stattfindet.

Sind phonologische Interferenzen Sprachstörungen?
Manchmal ersetzt ein mehrsprachiges Kind bestimmte Laute der schwachen Sprachen durch ähnlich klingende Laute seiner starken Sprache. So kann ein griechisch-deutschsprachiges Kind „Sokolade" statt „Schokolade" oder „chaus" statt „Haus" sagen. Hier handelt es sich um phonologische Interferenzen, die eigentlich keine Aussprachestörungen sind. Wenn die Interferenzerscheinungen bei einem mehrsprachigen Kind bis zu seinem fünften Lebensjahr, d.h. ein Jahr vor der Einschulung immer noch auftreten, ist es für den schulischen Erfolg des Kindes von Bedeutung, dass es sprachtherapeutisch behandelt wird. Als Lehrerin und Sprachtherapeutin von mehrsprachigen Kindern habe ich immer wieder festgestellt, dass insbesondere die phonologischen Interferenzen beim Erlernen des Lesens und Schreibens als Stolpersteine fungieren können.

Dysgrammatismus

Ein Kind, das seine Gedanken durch falsch gebildete Sätze formuliert, weist die Sprachstörung des **Dysgrammatismus** auf. Jedes Kind beginnt zwischen dem ersten und dem dritten Lebensjahr Sätze zu bilden, deren Struktur nicht der Satzstruktur der Umgebungssprache entspricht. Manchmal fehlen in einem Satz Wörter oder Satzteile (Telegrammstil), (z.B. Artikel, Präpositionen oder Adjektive): „Papa gehen, Bilderbuch anschauen". Manchmal werden bestimmte Wörter nicht richtig dekliniert. Dann kann es heißen: „Du machen, die Kind wollen, Kind essen". Es kann auch vorkommen, dass bestimmte Wörter nicht an der richtigen Stelle im Satz stehen, z.B.: „Du nicht gehen".

Diese Sätze werden im Rahmen der Sprachentwicklung fast von jedem Kind gebildet. Deshalb sagt man, dass es ganz ‚normal' ist, wenn ein Kind zwischen seinem zweiten und vierten Lebensjahr diese Art von Sätzen produziert. Wenn das Kind aber älter ist als vier und immer noch solche Sätze bildet, zeigt es, dass es diese Entwicklungsphase, aus welchen Gründen auch immer, nicht alleine überwinden kann. Es braucht Hilfe und Unterstützung. Das bedeutet, dass Eltern oder Erzieher so bald wie möglich mit ihm einen Sprachtherapeuten aufsuchen sollten.

Sprachentwicklungsstörungen

Häufig tritt die Störung des Dysgrammatismus in Verbindung mit der **Sprachentwicklungsstörung** auf. In diesem Fall verfügt das Kind über einen für sein Alter begrenzten Wortschatz, bildet Sätze, die eine falsche grammatische Struktur haben, und hat seine undeutliche Aussprache. Bei den Spezifischen Sprachentwicklungsstörungen handelt es sich um Sprachentwicklungsstörungen, die nicht auf Hörstörungen, neurologische Schädigungen oder soziale Vernachlässigung zurückzuführen sind (Chilla et al. 2010).

Beispiel

Maria-Elpida, ein vierjähriges Deutsch und Spanisch sprechendes Mädchen erzählt seinem deutschen Vater ein Erlebnis, das sie im Kindergarten hatte: „Katy, Ada (Alexandra), Malia wollen spielen Ecke. Amet kommen nicht spielen lassen. Auch Ludi (Rudi) kommen. Amet, Ludi Puppe weg. Malia weinen.

Wenn mehrsprachig aufwachsende Kinder Sprachentwicklungsstörungen bzw. Spezifische Sprachentwicklungsstörungen aufweisen, treten die Symptome dieser Sprachstörung in allen ihren Sprachen auf (Rothweiler 2006). Ob das Störungsbild bei mehrsprachigen deutlich schwerer ausfällt als bei einsprachigen Kindern wird noch in der Fachliteratur diskutiert, wobei man annimmt, dass die Störungsbilder in den einzelnen Sprachen unterschiedlich ausfallen (Chilla et al. 2010, 88).

Auch bei dieser Sprachstörung ist es wichtig, dass die Eltern mit einem Besuch bei einem Sprachtherapeuten nicht lange zögern – in der Hoffnung, dass es mit der Zeit besser würde. Falls ein Kind mit vier Jahren immer noch ähnliche sprachliche Äußerungen bildet wie Maria-Epida im oben geschilderten Beispiel, sollte man unbedingt die Meinung eines Spezialisten einholen.

Stottern

Beispiel

„Und, und, habe ich ganz laut ge- geschrien und Katy ist bö- böse geworden", erzählt der dreieinhalbjährige Mario aufgeregt seinem Vater nach dem Kindergarten. Mario ist zweisprachig, Italienisch und Deutsch, erzogen und besucht seit ein paar Monaten den deutschen Kindergarten.

Es gibt Kinder, die zwischen ihrem zweiten und vierten Lebensjahr während des Sprechens eine Silbe oder auch nur einen Laut, manchmal aber einen Teil eines Satzes wiederholen. Diese Wiederholungen treten in diesem Alter bei manchen Kindern auf. Die Kinder selbst nehmen in der Regel diese Unflüssigkeiten nicht wahr. Dies ist unter den Spezialisten als „physiologisches Stottern" bekannt und verschwindet normalerweise nach einiger Zeit von selbst, wenn die Kinder im Laufe der Sprachentwicklung mehr Sicherheit beim Sprechen gewinnen.

Jeder Sprachtherapeut wird den Eltern, deren Kind in dieser Phase der Sprachentwicklung „stottert", sagen, dass dies eine ganz natürliche Erscheinung der kindlichen Sprachentwicklung ist und diese Sprechunflüssigkeiten kein Grund zur Aufregung sind. Er wird auch mit Sicherheit hinzufügen, dass man das Kind beim „Stottern" nicht stören darf. Man sollte dem Kind in diesem Alter auf keinen Fall bewusst machen, dass es stottert. Leider sind die meisten Eltern darüber besorgt und reagieren ängstlich. Deshalb drängen sie ihr Kind mit Äußerungen wie: „Sprich doch langsam" oder „Bleib ruhig, während du sprichst". Durch solche Äußerungen wird das Kind darauf aufmerksam, dass etwas mit seiner Sprache nicht in Ordnung ist. Deshalb bemüht es sich, besser zu werden und langsamer oder normal zu sprechen. Obwohl es sich anstrengt, schafft es dies meistens nicht. Das Kind regt sich auf und bemüht sich noch mehr, langsamer zu sprechen. Dadurch setzt es sich unter noch größeren Druck, was schließlich eine Anspannung und eine Wiederholung des Stotterns verursacht. Aus diesem Teufelskreis kann sich das Kind aber nur dann befreien, wenn es sich entspannen kann und nicht auf sein Sprechen achtet. Aus diesem Grund sollten Erwachsene überhaupt nicht oder nur sehr ruhig auf dies Sprechunflüssigkeiten reagieren und das Kind nicht ständig unter Druck setzen.

Häufig trägt ein ängstliches und besorgtes Verhalten der Umgebung wesentlich dazu bei, dass das physiologische Stottern zu einem pathologischen wird. Hier sind die Grenzen fließend, und gerade für Laien ist es nicht einfach, zwischen einem physiologischen und einem pathologischen Stottern zu unterscheiden. Daher wird empfohlen, sollte das Stottern des Kindes mehr als ein halbes Jahr andauern, einen Fachmann aufzusuchen.

Eltern sollten entspannte und spielerische Sprechanlässe schaffen.

Noch einmal möchte ich betonen, dass es sowohl bei einem entwicklungsbedingten als auch bei einem pathologischen Stottern wichtig ist, wie Eltern, Geschwister, Verwandte oder Freunde des Kindes auf sein Sprechen reagieren.

Wenn Ihr Kind stottert ...

sollten Sie auf keinen Fall:

- das Kind darauf aufmerksam machen,
- die Sätze, die das Kind mit Mühe auszusprechen versucht, zu Ende formulieren.

Dafür sollten Sie:

- ruhig bleiben.
- dem Kind in Ruhe zuhören und es aussprechen lassen.
- selbst langsam und deutlich, aber dennoch ‚normal' sprechen.
- entspannte Sprechsituationen schaffen.

Verursacht der Erwerb mehrerer Sprachen Stottern?
Besorgte Eltern stellen häufig die Frage, ob Stottern durch den Erwerb mehrerer Sprachen hervorgerufen werden könnte. Bis in die 1970er Jahre gingen viele davon aus, dass Zweisprachigkeit in den meisten Fällen Stottern verursachen würde. Diese Annahme wurde sogar durch Untersuchungen bekräftigt.

Es gibt aber keine neueren empirischen Untersuchungen, die beweisen, dass Stottern bei mehrsprachigen Kindern häufiger vorkommt als bei einsprachigen. Aus meiner praktischen Erfahrung heraus vermute ich, dass bei der Entstehung des Stotterns im Kindesalter andere Faktoren, wie z.B. eine vererbte Disposition, verschiedene organische oder psychosoziale Faktoren und mit Sicherheit psychische Belastungen in der Familie, eine wichtigere Rolle spielen als die Mehrsprachigkeit.

Wie soll ich mich verhalten, wenn mein Kind nicht ‚normal' spricht?

Das Verhalten der Erwachsenen spielt bei der Entstehung und bei der Stabilisierung bzw. Erweiterung einer Sprachstörung eine wesentliche Rolle. Ihre Reaktionen auf das Sprachverhalten des Kindes können wesentlich dazu beitragen, dass aus einer harmlosen und normalen Sprachschwierigkeit eine Sprachstörung wird. Deshalb möchte ich an dieser Stelle auf „falsche" wie auf „richtige" Reaktionen hinweisen, die sicherlich sowohl für die einsprachige, als auch mehrsprachige Erziehung wichtig sind.

1. Lassen Sie Ihr Kind nie ein Wort, welches es nicht richtig artikuliert, oder einen Satz, den es nicht richtig bildet, wiederholen. Wenn Ihr dreijähriges Kind „lade" statt „Marmelade" sagt, und Sie wollen, dass es das Wort „Marmelade" richtig ausspricht, sagen Sie nie „Komm, sag doch Mar-me-la-de, versuch es noch einmal, du kannst es doch".
Eines muss Ihnen bewusst sein: Wenn Ihr Kind das eine oder andere Wort noch nicht richtig ausspricht, liegt es bestimmt nicht an seinem mangelnden Willen. Offensichtlich schafft es das nicht, weil es von seiner Entwicklung her noch nicht so weit ist. Der Druck, den Ihr Kind spürt (äußerlich durch die Erwartung der Eltern, innerlich durch seinen eigenen Anspruch an sich selbst), kann zu psychischen Spannungen führen, die das Stottern auf jeden Fall verstärken werden.
Diese Gedanken sollten Sie als Eltern oder Erzieher auch den anderen Familienmitgliedern und den engsten Freunden ‚ans Herz' legen.

2. Wenn Sie merken, dass Ihr Kind ein Wort nicht richtig ausspricht oder es in einem Satz Fehler macht, sagen Sie ihm das

Wort oder den Satz noch einmal langsam, deutlich und richtig vor – ohne das Kind zu zwingen, ihn zu wiederholen. Dadurch erfährt Ihr Kind noch einmal das richtige Sprachmuster. Es gibt Kinder, die schnell schwierige Wörter gut aussprechen und richtige Sätze bilden können. Andere Kinder hingegen brauchen mehr Zeit und eine Fülle von sprachlichen Anregungen, bis sie richtig sprechen können.

3. Wenn das Kind auf längere Zeit wiederholt Schwierigkeiten beim Sprechen hat, vereinbaren Sie einen Termin mit einem Sprachtherapeuten. Sie sollten abklären lassen, ob es sich dabei um eine physiologische Erscheinung der Sprachentwicklung handelt oder ob diese Schwierigkeiten bereits Symptome einer Sprachstörung darstellen. Eines sollten Sie nicht vergessen: Je früher eine Sprachstörung diagnostiziert wird, desto größer ist die Wahrscheinlichkeit, dass sie schnell und erfolgreich therapiert werden kann.

Auffälligkeiten in der mehrsprachigen Entwicklung sind nicht zwingend Anzeichen einer Sprachstörung.

Mehrsprachigkeit und Sprachstörungen – kompakt

Auf dem Weg zur Mehrsprachigkeit kann eine Reihe von Auffälligkeiten oder Störungen auftauchen. Eine Sprachstörung liegt nur dann vor, wenn das auffällige Sprachverhalten in allen Sprachen des mehrsprachig aufwachsenden Kindes auftritt. Es sind die gleichen Sprachstörungen, die bei einer einsprachigen Sprachentwicklung vorkommen. Interferenzen (→ Kap. 1) gelten dabei nicht als Sprachstörungen.

Es gilt als gesichert, dass Mehrsprachigkeit alleine keine Sprachstörung verursacht. Sie kann aber bei einer aufgetretenen Sprachstörung als Verstärker und Multiplikator wirken. Die Störung bei mehrsprachigen Kindern kann demnach intensiver und hartnäckiger sein als bei monolingualen Kindern.

Kleine Verzögerungen der einzelnen Stufen der Sprachentwicklung in der einen oder sogar in allen Sprachen müssen keine Verunsicherungen bei den Eltern hervorrufen. Wichtig ist, dass sich die Erwachsenen selbst beim Sprechen ‚richtig' verhalten, wenn beim Kind physiologische Schwierigkeiten auftreten. Falls diese physiologischen Schwierigkeiten jedoch hartnäckig bleiben und nicht innerhalb einer bestimmten Zeit verschwinden, sollte man die Meinungen eines Sprachtherapeuten einholen.

Mehrsprachigkeit und kindliche Entwicklung

Der Erwerb mehrerer Sprachen kann die Entwicklung von Kindern sowohl positiv als auch negativ beeinflussen. Dies hängt von vielen Faktoren ab. Eine positive Einstellung zu jeder der Sprachen des Kindes ist dabei für dessen Entwicklung besonders wichtig.

4

Mehrsprachigkeit: Chance oder Gefahr für die kindliche Entwicklung?

Beispiel

Peter und Fu sind seit vier Jahren verheiratet und leben in Hamburg. Er ist Deutscher und kann kaum Chinesisch. Sie ist Chinesin und spricht sehr gut Deutsch. Sie arbeitete als Dolmetscherin, inzwischen ist sie im vierten Monat schwanger. Beide freuen sich riesig auf ihr erstes Kind, machen sich aber Gedanken, ob sie es von Geburt an zweisprachig erziehen sollen. Sie befürchten, dass der fortlaufende Input zweier so verschiedener Sprachen ein Hindernis für die Sprachentwicklung ihres Kindes sein könnte. Kann durch das ständige Bemühen, die zwei Sprachsysteme auseinander zu halten, eine Sprachentwicklungsverzögerung bei ihrem Kind auftreten?

Die Frage, ob eine mehrsprachige Erziehung der Entwicklung eines Kindes schadet oder aber ein Gewinn für seine Persönlichkeitsentwicklung sein kann, wird von den meisten Paaren mit verschiedenen Muttersprachen spätestens vor der Geburt ihres ersten Kindes gestellt. Man fragt sich, ob das gleichzeitige Erlernen mehrerer Sprachen für das kindliche Gehirn eine Überforderung sei, ob durch Konfrontation mit mehreren Sprachen und Kulturen das psychische Gleichgewicht des Kindes und seine emotionale Entwicklung durcheinander geraten könnten.

Diese und viele ähnliche Fragen haben seit Jahrzehnten nicht nur die betroffenen Eltern immer wieder beschäftigt, sondern genauso eine Reihe von Wissenschaftlern in verschiedenen Ländern. In der entsprechenden Fachliteratur gibt es inzwischen eine unüberschaubare Fülle von empirischen Untersuchungen und theoretischen Ansätzen, die mit ihren Daten und Thesen Antworten auf all diese Fragen geben wollen.

Sie sind aber nicht nur für die Wissenschaft von Interesse. Es ist vor allem für Eltern, die ihr Kind mehrsprachig erziehen wollen, wichtig und hilfreich, zu wissen, zu welchen Ergebnissen und theoretischen Ansätzen die wissenschaftliche Forschung gekommen ist. Deswegen werde ich im Folgenden darauf eingehen.

Ist die Mehrsprachigkeit gut für die Persönlichkeitsentwicklung des Kindes?

Mehrsprachige Erziehung: Eine Überforderung für das Kind?

In der ersten Hälfte des 20. Jahrhunderts wurde von den Wissenschaftlern fast einheitlich die Ansicht vertreten, die Zweisprachigkeit im Kleinkindalter wäre eine große Gefahr und ein Verzögerungsfaktor nicht nur für den kindlichen Spracherwerb und die kognitive, sondern allgemein für seine ganze Entwicklung. Insbesondere aber soll dabei die affektive, also seine emotionale Entwicklung davon betroffen sein. In der Mehrzahl der damaligen amerikanischen und europäischen Untersuchungen konnte bewiesen werden, dass das bilingual erzogene Kind keine der beiden Sprachen so gut lernte, als hätte es sich nur auf eine Sprache beschränkt, und es negative Auswirkungen auf seine Denk- und Sprachentwicklung, seine Schulleistungen und seine Psyche gäbe (zusammengefasst in: Triarchi 1983). Die folgenden Feststellungen wurden in den damaligen Untersuchungen und Studien getroffen:

- Das zweisprachig erzogene Kind lernt weder die eine noch die andere Sprache richtig.
- Es verfügt über ein eingeschränktes Vokabular und in seiner Sprache tauchen begrenzte grammatische Strukturen, ungewöhnliche Wortanordnungen und morphologische Fehler auf.
- Es gibt einen schädlichen Einfluss auf seine Kognition, seine Leistungen und sein Verhalten in der Schule.
- Die große Anstrengung, die dem kindlichen Gehirn abverlangt wird, um zwei Sprachen zu lernen, führe zu einer wesentlichen Verminderung des für die sonstigen Lernbereiche notwendigen Lernvermögens des Kindes. Mit anderen Worten, das zweisprachige Kind weist meistens Lernschwierigkeiten auf.

Heute weiß man, dass diese Ergebnisse aus Untersuchungen stammen, die eine Reihe von methodischen Mängeln aufweisen. Darüber hinaus gab es auch zu jener Zeit Einzelfallstudien, in denen die Zweisprachigkeit als ein positiver Faktor der kindlichen Entwicklung dargelegt wurde. Diese Ansichten vertraten Spracherwerbsforscher und Linguisten, wie von Stern, Ronjat, Pavlovitch oder Leopold, die ihre eigenen Kinder zweisprachig erzogen und deren bilinguale Sprachentwicklung in Tagebüchern beschrieben hatten. Sie belegen mit ihren Daten, dass der bilinguale Spracherwerb ohne große zeitliche Abweichungen vom monolingualen abläuft. Auch bei der emotionalen und kognitiven Entwicklung dieser Kinder war keine besondere Auffälligkeit zu beobachten. Das Gegenteil war der Fall. Meistens wurde berichtet, dass die zweisprachige Erziehung positiv auf die kindliche Entwicklung wirkte und die ganze Familie sie positiv erlebte. Doch ihre Erkenntnisse fanden zu jener Zeit keine große Beachtung.

Früher stand man der zweisprachigen Erziehung skeptisch gegenüber.

Sind mehrsprachige Kinder sogar intelligenter als einsprachige?

Der eigentliche Wendepunkt in der Erforschung des Einflusses der Zweisprachigkeit auf die kindliche Entwicklung und der entscheidende Umschwung im Denken über die Zweisprachigkeit trat Ende der 1960er Jahre durch die differenzierte kanadische Längsschnittstudie von Peal und Lambert (in: Triarchi 1983) ein. Sie verglichen die bilingualen, Französisch und Englisch sprechenden Kinder, die in Kanada im Rahmen eines speziellen zweisprachigen Erziehungsprogramms (Immersionsprogramm) die Schule besuchten, mit monolingualen, englischsprachigen Kindern, die in der gleichen Zeit eine ‚normale' monolinguale Schule in Montreal besuchten. Dabei untersuchten sie die kognitive und sprachliche Entwicklung beider Gruppen mithilfe zahlreicher sprachlicher und nicht sprachlicher Tests. Die statistische Auswertung dieser Längsschnittuntersuchung ergab, dass die zweisprachige Gruppe in allen Teilabschnitten der Intelligenz- und Sprachtests signifikant höhere Werte als die monolinguale Gruppe erzielt hatte. Darüber hinaus schnitten sie auch in den Schulleistungen besser ab als die monolingualen Kinder der Kontrollgruppe. An dieser Stelle soll auch darauf hingewiesen werden, dass bei der vorhin genannten Untersuchung ungeklärt blieb, ob die Zweisprachigkeit als die wichtigste Ursache der höheren Intelligenz betrachtet werden kann oder, umgekehrt, erst eine höhere Intelligenz eine gelungene Zweisprachigkeit ermöglicht.

Ende der 1960er Jahre änderte sich das Denken über die Zweisprachigkeit.

Aus der gleichen Zeit und von derselben Gruppe von Wissenschaftlern stammt eine vergleichende Untersuchung über den Einfluss simultaner Zweisprachigkeit auf die emotionale

Entwicklung. Sie zeigt, dass die bilingualen französisch- und englischsprachigen Jugendlichen keine Probleme bei der Identifikation mit ihren bikulturellen Eltern bezüglich ihres Selbstwertgefühls oder in ihrer emotionalen Stabilität hatten. Auch ihre Werthaltungen waren Resultate einer gelungenen Verschmelzung beider Kulturen (Lambert / Aellen, zit. in: Fthenakis et al. 1985).

Mehrsprachigkeit kann die kindliche Entwicklung in vielen Bereichen unterstützen.

Diese Ergebnisse waren natürlich für alle, auch für die Forscher selbst, eine große Überraschung und zogen in den darauf folgenden 1970er und 1980er Jahren eine Reihe neuer Untersuchungen auf der ganzen Welt nach sich. Allerdings verfolgten die meisten von ihnen spezifische Fragestellungen bei Stichproben mit unterschiedlichen Kriterien, z. B. Grad und Art der Zweisprachigkeit, sozioökonomischer Status, psychosoziale Faktoren der Familie u. Ä. Dementsprechend häufig gelangte man zu widersprüchlichen Ergebnissen, so dass man die Befunde dieser Forschung differenziert auswerten muss. Ein großer Teil dieser Untersuchungsergebnisse weist darauf hin, dass sich gerade

Zweisprachigkeit in frühen Jahren auf viele Bereiche der kindlichen Entwicklung positiv auswirkt (Kielhöfer / Jonekeit 2002).

Wissenswertes aus der Forschung über zweisprachige Kinder:

- Zweisprachige verfügen über eine deutlich komplexere Intelligenzstruktur als die Einsprachigen, wodurch ihre kreative Denkfähigkeit und ihre Erfindungsgabe gefördert wird.
- Sie zeigen einen frühzeitigen Erwerb eines metasprachlichen Bewusstseins, d.h., dass sie früher als einsprachige Kinder über die Fähigkeit verfügen, über das Wesen und die Funktion der Sprache zu reflektieren.
- Die zweisprachigen Kinder sind sprachinteressierter und sprachgewandter als die einsprachigen.
- Sie zeigen eine größere soziale Sensibilität und sind toleranter, offener und anpassungsfähiger als gleichaltrige einsprachige Kinder.

Es gibt aber auch andere Untersuchungen, die ungefähr im gleichen Zeitabschnitt bei Migrantenkindern in Schweden, Peru und in Deutschland durchgeführt wurden und von negativen Auswirkungen der zweisprachigen Erziehung berichten. Hier weisen die zweisprachigen Kinder eine deutliche Sprachentwicklungsverzögerung in beiden Sprachsystemen auf und zeigen in der Schule enorme Verhaltensauffälligkeiten und Schulleistungsprobleme (Triarchi 1983).

In der Forschung sind also unterschiedliche Befunde diesbezüglich zu finden, weswegen nicht allgemein behauptet werden kann, dass sich jede Art von mehrsprachiger Erziehung nur positiv oder nur negativ auf die Entwicklung des Kindes auswirkt. Wie wir weiter sehen werden, spielen eine Reihe von zusätzlichen Faktoren dabei eine wichtige Rolle.

Was ist bei einer mehrsprachigen Entwicklung zu beachten?

Im Laufe der Jahre wurde eine Reihe von interessanten und aufschlussreichen Theorien darüber entwickelt. Ausgehend von den vorhin dargestellten unterschiedlichen Forschungsbefunden wurde dabei versucht, den Einfluss der Mehrsprachigkeit auf die kindliche Entwicklung theoretisch darzustellen und ihn auf einen oder mehrere Bedingungsfaktoren zurückzuführen. Eine der bekanntesten Theorien ist die Schwellenhypothese, die vom kanadischen Spracherwerbsforscher Cummins in Anlehnung an die skandinavischen Soziolinguisten Toukomaa und Skutnabb-Kangas aufgestellt wurde (Triarchi 1983).

Die Schwellenhypothese zeigt den Einfluss der Mehrsprachigkeit auf die kindliche Entwicklung.

Danach sind die positiven oder negativen Auswirkungen der Zweisprachigkeit vom Kompetenzniveau abhängig, welches das bilinguale Kind in seinen beiden Sprachen erlangt. Ob sich also eine zweisprachige Erziehung positiv oder negativ auf die kindliche kognitive Entwicklung auswirkt, hängt hauptsächlich von dem Sprachentwicklungsniveau ab, welches das Kind in beiden Sprachen erreichen konnte. Es wird dabei angenommen, dass es drei Entwicklungsniveaus (Schwellen) in der Sprachkompetenz gibt.

Am besten kann man sich die Schwellenhypothese vorstellen, wenn man die Sprachkompetenz eines Kindes mit einem dreistöckigen Haus vergleicht (→ siehe Abbildung S. 110). Jedes Stockwerk entspricht einem weiteren Kompetenzniveau:

Das erste, das niedrigste Stockwerk muss das bilinguale Kind überschreiten, damit keine negativen Auswirkungen bei seiner Entwicklung eintreten können.

Die Sprachkompetenz eines zweisprachigen Kindes als ein dreistöckiges Haus nach der Schwellenhypothese von Cummins (Baker, 1993, 136)

Um positive Folgen erfahren zu können, muss das zweite, das mittlere Stockwerk, überwunden werden. Nur dann kann sich, nach der Ansicht von Cummins, eine Sprachfähigkeit entwickeln, die sich positiv auf die sprachlich-kognitiven Fähigkeiten auswirkt. Diese Sprachfähigkeit nennt Cummins **„kognitiv-akademische Sprachfähigkeit“**. Mit anderen Worten, das zweisprachige Kind, dessen Sprachkompetenz das mittlere Stockwerk überschritten hat, verfügt über einen differenzierten, erweiterten Wortschatz mit abstrakten Begriffen und einer gut entwickelten Lese- und Rechtschreibfertigkeit. Es kann Texte lesen, verstehen und schreiben, komplizierte Sachzusammenhänge darstellen und abstrakte Inhalte behandeln. Diese Sprachfähigkeit wirkt sich auf die gesamte Entwicklung des Kindes positiv aus. Das zweisprachige Kind, welches das höchste Stockwerk erreicht hat, weist einen additiven Bilingualismus auf. Einen **additiven Bilingualismus** haben meistens Kinder der Majorität einer Gesellschaft oder Kinder, die eine stabile Muttersprache haben und einem anerkannten soziokulturellen Status angehören.

Erreicht ein Kind das „höchste Stockwerk", spricht man von additivem Bilingualismus.

Bei bilingualen Kindern, deren Sprachkompetenz das untere Niveau überschritten, doch das obere noch nicht erreicht hat, dominiert meistens eine der beiden Muttersprachen. Sie erfahren weder positive noch negative Auswirkungen. Dieser Gruppe, so vermutet man, sind die meisten Fälle der zweisprachig aufwachsenden Kinder zuzuordnen.

Es gibt aber auch Fälle, in denen es das bilinguale Kind in beiden Sprachen nicht schafft, das untere Schwellenniveau zu überschreiten. In diesen Fällen spricht man von **subtraktivem Bilingualismus**, manchmal sogar von **Semilingualismus**. Dies bedeutet, dass in beiden Sprachen nur eine relativ geringe Kompetenz erreicht wird und negative Auswirkungen auf die kognitive und allgemein auf die gesamte kindliche Entwicklung zu befürchten sind. Wie die Forschungsbefunde, aber auch die Erfahrungen belegen, ist diese Art von Zweisprachigkeit häufig bei Migrantenkindern mit geringem sozialem Sprachprestige zu finden (siehe Seite 24).

Was beeinflusst die Entwicklung mehrsprachiger Kinder?

Mehrsprachigkeit ist kein Risikofaktor für Kinder.

Ausgehend von der Fülle der Untersuchungs- bzw. der Studienergebnisse, welche die Bilingualismusforschung zum Einfluss der Zweisprachigkeit auf die kindliche Entwicklung erbringt, kann man heute behaupten, dass die Mehrsprachigkeit keinen Risikofaktor für Kinder darstellt. Sicherlich hat die Theorie von Cummins einige Fragen des Einflusses der Mehrsprachigkeit auf die Entwicklung des Kindes beantworten können. Sie stellt aber die Sprachkompetenz sehr in den Vordergrund und vernachlässigt dabei den Einfluss einer Reihe von Faktoren, wie z.B. die kulturellen oder emotionalen, die für die gesamte kindliche Entwicklung sehr entscheidend sind. Dabei handelt es sich um ein multifaktorielles Bedingungsgefüge, das für eine gelungene Mehrsprachigkeit verantwortlich ist.

Alle diese Faktoren wirken sich auf die kindliche Entwicklung im Rahmen eines komplizierten, vernetzten Systems aus, das sich in drei große Untersysteme einteilen lässt (→ siehe Abbildung S.113):

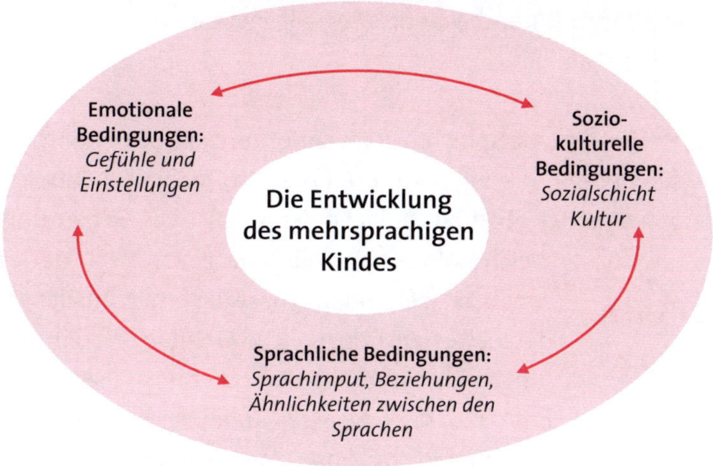

Einflussfaktoren auf die Entwicklung des mehrsprachigen Kindes

- die emotionalen Bedingungen,
- die sozio-kulturellen Bedingungen und
- die sprachlichen Bedingungen.

Es ist anzunehmen, dass sich diese Bedingungen gegenseitig ergänzen und Zusammenhänge sowohl zwischen den drei Untersystemen als auch unter den Faktoren jedes Untersystems bestehen. Dadurch entsteht eine einzigartige Dynamik, die bei jedem Erziehungsfall unterschiedlich sein kann. Es ist für Eltern, die ihre Kinder zweisprachig erziehen, wichtig, über den Einfluss dieser Faktoren Bescheid zu wissen, damit sie die Konstellation der einzelnen Faktoren steuern können.

Die sozio-kulturellen Bedingungen

Die soziale Schicht, in der das Kind aufwächst, ist von besonderer Bedeutung. Dass der sozio-ökonomische Status der Familie einen enormen Einfluss auf die Entwicklung des Kindes ausübt, ist seit Jahrzehnten bekannt. Dies gilt insbesondere für mehrsprachige Familien.

Das Prestige einer Sprache hat Auswirkungen auf die kindliche Entwicklung.

Die Kultur, die jede Sprache repräsentiert und die Beziehung, die zwischen den jeweiligen Kulturen besteht, ist für die Entwicklung des Kindes ebenfalls entscheidend. Es ist von Bedeutung, welche Akzeptanz jede Kultur von den „native speakers" der anderen Sprache erhält. Insbesondere ist es wichtig, welche Gefühle und Einstellungen die Sprecher der Mehrheitsgesellschaft der Kultur der jeweiligen anderen Sprache entgegenbringen. So können die Auswirkungen einer mehrsprachigen Erziehung in Deutsch und Französisch in Deutschland sicherlich positiver ausfallen als die bilinguale Erziehung Deutsch-Arabisch oder Deutsch-Albanisch.

Die emotionalen Bedingungen

Die psychische Verfassung des mehrsprachigen Kindes, seine Gefühle und Einstellungen gegenüber seiner Mehrsprachigkeit sind ebenfalls von entscheidender Bedeutung.

Für seine sprachliche und emotionale Entwicklung ist es sehr entscheidend, ob es gegenüber seinen beiden Erstsprachen eine positive oder eine negative Einstellung hat. Es ist nicht verwunderlich, dass mit Sprachentwicklungsverzögerung und psychischen Problemen bzw. Verhaltensauffälligkeiten zu rechnen ist, wenn sich das mehrsprachige Kind schämt, dass es selbst oder ein Elternteil eine seiner Sprachen sprechen muss. Im Gegensatz dazu kann man nur eine positive und problemlose Entwicklung erwarten, wenn das mehrsprachige Kind stolz ist und es als Vorteil empfindet, dass es jede seiner Sprachen beherrscht. Es ist dann motiviert, die Sprachen zu hören und zu lernen. Dadurch kommt es vielmehr zum Sprechen und Üben, was seine Sprachentwicklung unterstützt. Zwei Beispiele sollen dies illustrieren:

Beispiel

Muta ist fast vier Jahre alt und besucht seit acht Monaten einen deutschen Kindergarten in Heidelberg. Der Vater kommt aus Jordanien, seine Mutter ist Deutsche. Sein Vater spricht mit ihm bereits seit seiner Geburt ausschließlich Arabisch. Die Familiensprache ist aber Deutsch. Die Kindergärtnerinnen stellten von Anfang an fest, dass er nicht gerne spricht. Sie berichten, dass er meistens allein spiele und bei dem Gespräch im Morgenstuhlkreis mit Einwortsätzen antworte. Wenn man ihn darum bittet, arabisch zu sprechen, weigert er sich, auch nur ein einziges Wort in dieser Sprache zu sprechen. Sein Vater, der gut deutsch spricht, behauptet, dass er noch „scheu" sei. Im Gegensatz dazu sagt die Mutter, die kein Arabisch spricht, dass sie sich Sorgen macht, weil Muta keine der beiden Sprachen gut sprechen kann. Sie ist der Meinung, dass man Arabisch sowieso nicht bräuchte und ihr Mann aufhören sollte, das Kind mit dieser Sprache zu quälen.

Alexander besucht die 6. Klasse eines neusprachlichen Gymnasiums in Augsburg. Sein Vater kommt aus Korea, seine Mutter aus Berlin. Alexander ist von Geburt an zweisprachig, Deutsch und Koreanisch, erzogen worden. Er spricht beide Sprachen perfekt und bereits im Kindergarten hat er bei seinen deutschen Freunden richtig angegeben, Koreanisch sprechen zu können. Auch im Gymnasium macht er mit seinen Mitschülern immer wieder Späße auf Koreanisch. Seine Schulleistungen sind gut und in diesem Schuljahr hat man bei ihm eine einseitige Begabung für die sprachlichen Fächer festgestellt.

Die sprachlichen Bedingungen

Zu einer normalen sprachlichen Entwicklung von mehrsprachigen Kindern gehört zunächst die sprachliche Umwelt (Sprachinput), der das mehrsprachig aufwachsende Kind täglich begegnet. Ein Kind lernt das Sprechen durch die Sprachanregungen seiner Umwelt. Die Aussprache, der Wortschatz aber auch die Struktur der Sprache werden von den sprachlichen Reizen geprägt, die es während der Sprachentwicklung von seiner Umwelt erhält. Dies gilt sowohl für die monolinguale als auch für die mehrsprachige Sprachentwicklung.

Die sprachliche Umwelt hat Einfluss auf den Spracherwerb des Kindes.

Die Befunde von Untersuchungen der Mehrsprachigkeitsforschung belegen, dass der sprachliche Input beim Erwerb mehrerer Sprachen eine zusätzliche Rolle spielt: Er bestimmt, ob ein mehrsprachig erzogenes Kind über eine **„dominante“** oder eine **„balancierte“ Mehrsprachigkeit** verfügt.

Wenn die Sprachanregungen in allen betreffenden Sprachen qualitativ und quantitativ gleich sind, kann das Kind eine balancierte Mehrsprachigkeit entwickeln. Wenn in der Umwelt des Kindes die eine der beiden Sprachen viel stärker als die andere vertreten ist, wird eine dominante Mehrsprachigkeit entstehen.

Beispiel

Katis Vater ist Engländer und ihre Mutter Deutsche. Die Familie lebt seit Katis Geburt in London und erzieht das Kind seit seiner Geburt zweisprachig. Inzwischen geht Kati in die 2. Klasse und spricht sehr gut Englisch. Deutsch spricht sie eigentlich nur mit ihrer Mutter und mit ihren deutschen Großeltern, wenn sie zu Besuch sind. Deshalb ist ihr Deutsch nicht sehr gut – ihre starke Sprache ist eindeutig Englisch. Trotzdem versucht die Mutter, so viel wie möglich mit ihr Deutsch zu sprechen und besorgt immer wieder deutsche DVDs mit Kinderfilmen oder CDs mit deutschen Kinderliedern.

Es wurde bereits erwähnt, dass während der simultanen mehrsprachigen Sprachentwicklung eines Kindes nicht zwingend immer die gleiche Sprache „schwach" oder „stark" bleibt. Wenn sich die sprachliche Umgebung des Kindes aus verschieden Gründen ändert, wechselt automatisch auch die Rolle und der Einfluss der Sprachen auf die Sprachentwicklung. Viele Einzelfallstudien der Mehrsprachigkeitsforschung belegen diesen Wechsel der starken und schwachen Sprache bei der mehrsprachigen Erziehung.

Beispiel

Am bekanntesten ist das Beispiel von Hildegard. Ihr Vater, Werner Leopold, ein deutschstämmiger Linguist, beschreibt und analysiert die Sprachentwicklung seiner Tochter. Hildegard wurde zweisprachig, Englisch und Deutsch, erzogen. Die Umgebungssprache war stets Englisch, deshalb wurde Englisch ihre starke Sprache. Im Alter von fünf Jahren war Hildegard für sieben Monate bei ihren Großeltern in Deutschland. Während dieser Zeit fand eine rasche Verbesserung ihrer deutschen Sprachkenntnisse statt. Dies hatte zur Folge, dass, solange sich Hildegard in Deutschland aufhielt, nicht mehr die englische Sprache, sondern die deutsche ihre starke Sprache wurde. Sobald Hildegard aber in ihre englischsprachige Umgebung zurückkam, dominierte wieder das Englische.

Zu den sprachlichen Bedingungen, welche die Entwicklung mehrsprachig aufwachsender Kinder beeinflussen, gehört auch die linguistische Beziehung zwischen ihren Sprachen.

Den kindlichen mehrsprachigen Spracherwerb – und damit auch die Entwicklung des mehrsprachigen Kindes – beeinflusst auch die Tatsache, ob die Sprachen, denen das Kind täglich ausgesetzt wird, viele Ähnlichkeiten oder Unterschiede in ihrer Struktur aufweisen. In den verschiedenen Einzelfallstudien liest man, dass, wenn die betreffenden Sprachen aus der gleichen Sprachfamilie stammen, das mehrsprachige Kind seine Sprachen einfacher erwirbt. Wir haben bereits in Kapitel 2 „Die Sprachentwicklung bei Mehrsprachigkeit" gesehen, dass die Laute, die in jeder der Sprachen vorhanden sind, am schnellsten und in der Regel ohne Schwierigkeiten erworben werden. Im Gegensatz dazu bereitet der Erwerb von unterschiedlichen Lauten dem Kind Schwierigkeiten und deshalb werden sie erst gegen Ende der Sprachentwicklung erworben. Dasselbe gilt auch für den Erwerb der phonologischen, grammatischen bzw. der syntaktischen und morphologischen Elemente, Regeln und Strukturen.

Mehrspachig aufgewachsene Kinder entwickeln sich in der Regel wie alle anderen Kinder auch.

Mehrsprachigkeit und kindliche Entwicklung

Mehrsprachige Kinder entwickeln sich ähnlich wie einsprachige. Dass sie mit zwei, drei oder mehreren Sprachen aufwachsen, kann auf keinen Fall allein den Grund für eventuelle Entwicklungsstörungen darstellen. Mehrsprachige Kinder können genauso wie einsprachige intelligent, hochbegabt oder geistig behindert sein. Sie können ein ganz normales Verhalten haben, hyperaktiv sein oder aggressives Verhalten zeigen. Manche von ihnen sind sehr gute Schüler, andere hingegen haben große Leistungsschwierigkeiten. Ob sie Probleme und Störungen in ihrer Entwicklung aufweisen, hängt, wie gezeigt, von einem komplexen Bedingungsgefüge ab. Sehr wichtig sind hierbei die Gefühle der Kinder und die Einstellung ihres Umfeldes zu ihren Sprachen sowie intensive sprachliche Anregungen.

5

Fünf Prinzipien für den mehrsprachigen Alltag

Eltern können ihr Kind auf dem Weg zur Mehrsprachigkeit auf viele Arten unterstützen. Dabei können ihnen folgende Anregungen helfen.

Es hängt, wie gesagt, von einem Bündel von Faktoren ab, ob überhaupt, aber auch wie gut und wie schnell ein Kind die Sprache bzw. die Sprachen seiner Umgebung erwerben kann. Unter diesen Faktoren spielt das sprachliche Umfeld des Kindes eine zentrale Rolle. Mit dem Begriff Umfeld sind alle Personen gemeint, die häufig mit dem Kleinkind zusammen sind, wie die Eltern, die Geschwister bzw. die Verwandten, die Freunde und die Erzieherinnen oder Erzieher im Kindergarten. Ihr Verhalten dem Kind gegenüber beeinflusst direkt die Prozesse seines Spracherwerbs. Deshalb ist es wichtig für sie zu wissen, wie sie dem Kind helfen können, damit es am besten eine oder mehrere Sprachen erwerben kann. Auf diese Weise können manche ‚Stolpersteine' im Spracherwerb vermieden und Verhaltensweisen, die die Erwerbsprozesse unterstützen und fördern, können so bewusst angewendet werden.

Anhand einer Reihe von ‚Prinzipien' möchte ich Sie im Folgenden mit konkreten Tipps bei der Erziehung Ihres zwei- oder mehrsprachigen Kindes unterstützen. Auch wenn Schwierigkeiten auftauchen, möchte ich Ihnen Mut machen, nicht aufzugeben, sondern konsequent weiterzumachen. Vielleicht werden Sie sich beim Lesen dieser ‚Prinzipien' in dem einen oder anderen Entschluss bestätigt fühlen.

Dieser Abschnitt baut mehr als alle anderen Teile dieses Buches auf meinen eigenen Erfahrungen auf, die ich in den letzten dreißig Jahren gesammelt habe – sowohl als Mutter einer zweisprachigen Tochter als auch als Lehrerin und Sprachtherapeutin mehrsprachiger Kinder aber auch bei Beratungsgesprächen mit Eltern von mehrsprachigen Kindern oder mit Pädagogen, die mit mehrsprachigen Kindern arbeiten.

1. Prinzip: Sprechen Sie mit Ihrem Kind so viel wie möglich

Wann kann ein Mensch eigentlich eine, zwei, drei oder mehrere Sprachen erwerben? Die Antwort ist ganz einfach: Wenn er mit dieser Sprache bzw. diesen Sprachen in Kontakt kommt. Nur wenn man diese Sprache bzw. Sprachen hört, kann man diese auch erwerben. Anders ausgedrückt: Es gibt keinen Output ohne Input. Dies gilt bei jeder Art von Spracherwerb, gleichgültig, ob es sich dabei um den Erst- oder den Zweitspracherwerb handelt, ob man eine, zwei oder drei Sprachen gleichzeitig erwirbt.

Tipp

→ *Die sprachlichen Anregungen aus dem Umfeld des Kindes sind bedeutende Einflussfaktoren während des Spracherwerbs. Deswegen: Reden Sie viel mit Ihrem Kind.*

Drei Gesichtspunkte sollten dabei beachtet werden:

a. Die Gefühle, die Sie bei jedem Gespräch bewusst oder auch unbewusst Ihrem Kind vermitteln, beeinflussen entscheidend die Sprachentwicklung. In Bildern gesprochen, könnten wir sagen, dass die Gefühle die Luft bilden, die eine Pflanze braucht, damit sie wachsen kann. Wie die Luft für das Wachsen der Pflanze notwendig ist, genauso notwendig ist es, dem Kind das Gefühl zu vermitteln, dass Sie Freude daran haben, mit ihm zusammen zu sein, dass Sie sich gerne Zeit für Gespräche mit ihm nehmen und sich für das, was es erzählt, interessieren. Hierzu gehört auch, dass Sie bei jedem Gespräch versuchen sollten, eine angenehme Situation zu schaffen, in der sowohl Ihr Kind als auch Sie sich wohl fühlen. Dadurch erhält das Kind das Gefühl, dass es für Sie wertvoll ist. Das elterliche Interesse weckt und fördert beim Kind die Sprechfreude und das Mitteilungsbedürfnis.

Der Wille und das Bedürfnis zum Sprechen sowie die Sprechfreude der Kinder bilden für jede Sprachentwicklung die wichtigsten Rahmenbedingungen, denn, wenn ein Kind das Sprechen vermeidet, kann es in der Sprachentwicklung sicherlich nicht weiterkommen. Warum? Ganz einfach: Aus der Psycholinguistik weiß man, dass das Kind während seiner Sprachentwicklung kein passiver Zuhörer, sondern ein aktiver Konstrukteur ist. Dies bedeutet, dass es das, was es hört, mittels seiner erblichen Sprachmechanismen, mit denen jeder Mensch ausgestattet ist, bearbeitet. Auf der Basis dieser Bearbeitung formuliert es dann selber seine eigenen Sprachäußerungen. Durch die Reaktion der Umwelt auf seine sprachlichen Äußerungen stellt es fest, ob sie richtig oder falsch sind, und formuliert die nächsten Äußerungen so, dass sie sich noch stärker denen seiner Umwelt annähern. Auf diese Art und Weise erwirbt das Kind allmählich die Sprache bzw. die Sprachen aus seinem Umfeld. Wenn es sich aber weigert zu sprechen, sich nicht traut, Sätze zu bilden, dann fällt eine ganz wichtige Bedingung der Sprachentwicklung weg: die des selber Ausprobierens. Verschiedene Sprachentwicklungsstörungen können die Folge sein.

Das elterliche Interesse ist wichtig für die Sprachentwicklung des Kindes.

b. Die Menge der sprachlichen Anregungen, die das Kind von seinem Umfeld täglich erhält, beeinflusst insbesondere den Rhythmus seines Spracherwerbs. Deshalb sollten Sie mit dem Kind sprechen, egal was Sie dabei tun – ob Sie kochen, aufräumen, waschen oder Ihr Kind baden, es anziehen, füttern oder mit ihm Einkaufen gehen: Reden Sie mit ihm. Es ist wichtig für

Ihr Kind, dass es so viele sprachliche Anregungen in jeder seiner Sprachen bekommt wie möglich. Sicherlich gibt es Situationen, in denen man keine Lust hat zu sprechen. Man ist müde, will schnell etwas erledigen oder ist tief in Gedanken versunken. Doch für den Spracherwerb Ihres Kindes ist es von großer Bedeutung, Ihre Sprache sehr häufig zu hören. Indem Sie mit Ihrem Kind in jeder Alltagssituation sprechen, erfährt es zudem den adäquaten Wortschatz für die verschiedenen Situationen.

c. Ihre Sprechweise wird auch die Sprachqualität Ihres Kindes beeinflussen. Es ist wichtig, dass Sie langsam und deutlich sprechen. Sie sollten versuchen, dabei Blickkontakt mit ihm zu haben. Ermutigen Sie Ihr Kind, Sie anzuschauen, während Sie sprechen. Dadurch kann es die Bewegungen Ihrer Sprechorgane beobachten und beim Sprechen nachahmen.

Während Sie mit Ihrem Kind sprechen, vermeiden Sie die ‚Babysprache', auch wenn sie manchmal so niedlich klingt. Damit meine ich auch die Vermeidung von Diminutiven (Löffelchen, Kindlein) und natürlich das Vermeiden von Ausdrücken wie „Heia gehen" für ins Bett gehen, „Wau, Wau" für den Hund etc. Babysprache fördert den Spracherwerb von Kindern in keinster Weise, und glauben Sie bloß nicht, dass Ihr Kind Sie dadurch besser versteht. Darüber hinaus liefern Sie Ihrem Kind Sprachmuster, die in der Erwachsensprache, welche die Zielsprache des Spracherwerbs ist, nicht existieren. Wie soll es richtig sprechen lernen, wenn es von seinen Eltern nicht die ‚richtige' Sprache hört?

Eltern sind für ihre Kinder ein sprachliches Vorbild.

Andererseits heißt das aber nicht, dass man sehr komplizierte Sätze bilden sollte. Passen Sie die Struktur und Komplexität Ihrer Sätze dem Alter des Kindes an. Dadurch kann es sie besser verstehen und leichter nachahmen. Und vergessen Sie nicht: Sie sind für Ihr Kind während seiner Sprachentwicklung ein Vorbild.

2. Prinzip: Sprechen Sie mit Ihrem Kind in Ihrer Muttersprache, nach dem Motto: „Eine Person – eine Sprache“

Ein uraltes Prinzip, welches bereits am Anfang des letzten Jahrhunderts bekannt war, stammt vom französischen Linguisten Grammont. Der riet seinem Freund Ronjat, der seinen Sohn Louis zweisprachig (Deutsch-Französisch) erziehen wollte, dabei darauf zu achten, dass jeder Elternteil mit dem Kind ausschließlich seine eigene Muttersprache sprechen sollte. So könnte das Kind jede Sprache mit einer Person oder mit einer Situation verbinden und auch die beiden Sprachsysteme unterscheiden. Dies würde es ihm ermöglichen, die beiden unterschiedlichen Lexika und Regelsysteme der beiden Sprachen zu differenzieren und sie auf diese Art und Weise am besten getrennt zu erwerben.

Prinzip: eine Person – eine Sprache!

Nach diesem Erziehungsprinzip wurde nicht nur Louis erzogen, sondern eine Reihe von zweisprachigen Kindern. Wie wir aus Einzelfallstudien erfahren, hat sich dies in den meisten Fällen als sehr günstig für die Entwicklung beider Sprachen erwiesen (Kielhöfer / Jonekeit 2002, Volterra / Taeschner 1978).

Welche Sprache soll bei einer mehrsprachigen Erziehung die Familiensprache sein?

Es stellt sich natürlich bei der mehrsprachigen Erziehung die Frage, wenn jeder Elternteil zu dem Kind in seiner Muttersprache spricht, welche Sprache sie untereinander sprechen sollten und welche Sprache gesprochen werden soll, wenn die ganze Familie zusammen ist, die auch die Familiensprache darstellt.

Beide Fragen sind einfach zu beantworten, wenn der eine Elternteil die Sprache des anderen nicht oder nur unzureichend spricht. Dann ist die Familiensprache die Sprache, die von beiden Elternteilen beherrscht wird. In den meisten Fällen ist diese Sprache auch die Sprache der Umgebung. Diese Sprache wird mit der Zeit die Stellung der starken Sprache des Kindes einnehmen.

Es gibt aber auch Fälle, in denen beide Eltern beide Sprachen kennen. Hier ist es für die Entwicklung beider Sprachen des Kindes günstig, wenn die Eltern sich entscheiden, diejenige Sprache als Familiensprache zu wählen, die in der Umgebung nicht gesprochen wird. Dadurch werden Sie Ihrem Kind die Möglichkeit geben, in dieser Sprache kontinuierlich viele sprachliche Anregungen zu erhalten. Gleichzeitig machen Sie hiermit Ihrem Kind deutlich, dass auch diese Sprache, die zwar von den meisten Leuten des Umfeldes des Kindes nicht gesprochen wird, wichtig und wertvoll ist. Dies führt dazu, dass auch diese Sprache mit einem ähnlichen Tempo wie die Sprache der Umgebung entwickelt werden kann und das Kind eine balancierte Mehrsprachigkeit erwirbt.

Was, wenn beide Eltern verschiedene Sprachen sprechen, die nicht die Sprache der Umgebung sind?

In den letzten Jahren häufen sich die Fälle der dreisprachigen Erziehung. Hier ist die Umgebungssprache eine andere Sprache als diejenige der Mutter und die des Vaters.

Beispiel

Tonis Vater ist Italiener und seine Mutter Französin. Die Familie lebt seit Tonis Geburt in München. Welche Sprache sollte bei ihnen Familiensprache sein?

Dies hängt natürlich davon ab, welche Sprache beide Eltern am besten beherrschen. Die Sprache, die beide sprechen, sollte dann auch Familiensprache sein. Tonis Familiensprache ist Französisch, weil beide Eltern Französisch sprechen. Dies ist für die Entwicklung der französischen Sprache bei Toni sehr günstig. Er ist jetzt sechs Jahre alt und besucht (noch) einen deutschen Kindergarten, deswegen sind Französisch und Deutsch seine beiden starken Sprachen, Italienisch hingegen die schwache.

Wenn sich beide Eltern miteinander nur in der Umgebungssprache verständigen können, dann wird diese Sprache auch Familiensprache werden. Dies ist jedoch für die Entwicklung der anderen beiden Sprachen des Kindes ungünstig, da es so von diesen Sprachen nicht genügend Sprachanregungen bekommen wird.

Beispiel

Marias Vater kommt aus Spanien, ihre Mutter aus Tschechien; die Familie lebt in Deutschland. Der Vater kennt kaum ein tschechisches Wort und die Mutter kann kaum ein Wort Spanisch. Jeder von ihnen spricht mit Maria in seiner Muttersprache. Zu Hause sprechen sie miteinander Deutsch. Maria ist jetzt sieben Jahre alt und besucht eine deutsche Regelschule. Am besten kann sie Deutsch, obwohl auch hier immer wieder gewisse Schwierigkeiten auftauchen. Tschechisch kann sie sich zwar ausdrücken, aber sie verfügt über einen begrenzten Wortschatz. Spanisch kann Maria ebenfalls nicht sehr gut. Sie versteht manche Ausdrücke, aber sie kann keine richtigen Sätze bilden.

Was kann man tun, wenn das Kind nur in der einen Sprache spricht?

Beispiel

„Komm, Mama, setz' dich her", sagte das vierjährige Mädchen zu ihre Mutter und deutet auf einen Sitzplatz neben ihr im U-Bahnwagon. „I don't want to sit down, Martha", antwortete die Mutter und bleibt weiter stehen. „Warum nicht? Du bist doch auch müde!" erwiderte das Mädchen. „I told you. I don't want to sit down". In den kommenden 15 Minuten unterhalten sich Mutter und Tochter weiter zweisprachig. Das Mädchen spricht dabei die ganze Zeit Deutsch und ihre Mutter Englisch.

Es gibt Fälle in der mehrsprachigen Erziehung, in denen das Kind nur in der einen Sprache, die häufig die Umgebungssprache ist, mit beiden Eltern kommuniziert. Obwohl der eine Elternteil mit ihm in seiner Muttersprache spricht und es deutlich ist, dass das Kind diese Sprache auch versteht, äußert es sich fast konsequent nicht in dieser Sprache. Diese „Vorliebe" für die eine Sprache kann für kurze genauso wie für längere Zeit auftreten.

Diese sprachliche Verweigerung des Kindes kommt in der Regel vor, wenn ein Elternteil (meistens der Vater) kaum Kenntnisse in der Sprache hat, die nicht Umgebungssprache ist. Dass sich das Kind nur in der einen Sprache äußert, liegt sicherlich nicht daran, dass es die andere Sprache nicht mag. Der Spracherwerb in der nicht gesprochenen Sprache verläuft aber offenbar nicht altersgemäß, weil die sprachlichen Anregungen aus dem Umfeld nicht genügend sind. Das Kind hat somit Schwierigkeiten, in dieser Sprache zu sprechen. Sein aktiver Wortschatz ist sehr begrenzt, und es fällt ihm schwer, Sätze zu bilden. Es ist deshalb für das Kind anstrengend, sich in dieser Sprache zu äußern. Darüber hinaus weiß es, dass es von seiner Umgebung verstanden wird, wenn es nur in der einen Sprache spricht.

Tipp

→ *Wenn Ihr Kind sich weigert, sich mit Ihnen in Ihrer Sprache zu unterhalten, ist es wichtig, nicht aufzuhören, weiter mit ihm in dieser Sprache zu sprechen. Seien Sie nicht traurig und geben Sie auf keinen Fall auf. Bleiben Sie hartnäckig, und lassen Sie sich von ihm nicht beeinflussen, während des Gesprächs in die andere Sprache zu wechseln. Vergessen Sie ebenfalls nicht: Sie sollten dafür sorgen, dass Ihr Kind ein regelmäßiges Sprachangebot in Ihrer Sprache erhält. Nur auf diese Weise können Sie ihm helfen, beide Sprachen gut zu lernen.*

Welche Sprache sollten Eltern mit ihrem Kind sprechen, wenn sie beide die gleiche Sprache beherrschen, aber in der Umgebung eine andere Sprache gesprochen wird?

Das Prinzip „eine Person – eine Sprache" gilt für jede Art von zwei- oder mehrsprachiger Erziehung. Auch für die Fälle, in denen zu Hause eine andere Sprache gesprochen wird als in der Umgebung. Dabei ist es wichtig, dass im Umfeld der Familie nur die Sprache beider Eltern konsequent gesprochen wird.

Sprechen Eltern eine andere Sprache als ihre Umgebung, sollten sie diese auch mit ihrem Kind sprechen.

Manchmal empfehlen Erzieherinnen, Ärzte oder Lehrer den Eltern, insbesondere Migranten, zu Hause häufig die Sprache der Umgebung zu sprechen. Sie meinen, dass die Kinder dadurch viele sprachliche Anregungen in dieser Sprache erhalten und die Sprachen so am schnellsten erwerben können. Dies ist aber eine Täuschung und wird zu einem großen Stolperstein sowohl in der Sprachentwicklung als auch in der emotionalen und kognitiven Entwicklung der Kinder. Auch wenn ein Elternteil glaubt, dass er die Sprache der Umgebung einigermaßen gut beherrscht, sollte er mit seinem Kind in seiner Muttersprache kommunizieren. Dies hat zwei Gründe:

Erstens sollte das Kind – insbesondere das Migrantenkind – so viel Sprachanregungen in seiner Erstsprache erhalten wie möglich, damit es sie gut und schnell erwerben kann. Die Entwicklung des Erstspracherwerbs darf nicht unterbrochen werden, weil sie für die Gesamtentwicklung der Migrantenkinder sehr wichtig ist. Aufgrund der Abhängigkeit, die bei der Sprachentwicklung zwischen den Sprachen besteht, beeinflusst die Erstsprache auch direkt den Zweitspracherwerb. Wie gut und wie schnell ein Migrantenkind eine Zweitsprache erwirbt, hängt in der Regel davon ab, wie gut es die Erstsprache kann.

Zweitens ist es für den Spracherwerb überhaupt günstig, wenn die Sprachanregungen, die das Kind erhält, von Personen stammen, die diese Sprache als Muttersprache beherrschen. Sie sind dann auch richtig – sowohl phonologisch als auch grammatisch – und beinhalten in der Regel kaum Sprachmischungen. Darüber hinaus können spezielle Elemente dieser Sprache, wie z.B. typische Gefühle, Temperament oder Gestik, auf diese Art und Weise dem zweisprachigen Kind übermittelt werden.

Zur Kommunikation gehört auch das Ausdrücken von Gefühlen durch die Körpersprache.

3. Prinzip: Vermeiden Sie Sprachmischungen, so oft Sie können

Wir haben über das Auftreten von Sprachmischungen bei mehrsprachigen Personen bereits gesprochen. Während der mehrsprachigen Sprachentwicklung machen Kleinkinder häufig Äußerungen, deren Wörter und Strukturen aus all seinen Sprachen stammen. Diese Erscheinungen sind normal für den mehrsprachigen Spracherwerb und bilden keinen Grund zur Beunruhigung. Sie verschwinden normalerweise mit der Zeit, sobald das Kind in der Sprachentwicklung weiter gekommen und sicher geworden ist.

Konsequent eine Sprache zu sprechen hilft Ihrem Kind beim Spracherwerb.

Sie können Ihrem Kind jedoch helfen, die Sprachen korrekt zu erwerben, wenn Sie selber so wenig Sprachmischungen wie möglich verwenden. Ich weiß, dass es nicht so einfach ist, ständig konzentriert zu sein, um jedes Wort in der jeweils „richtigen" Sprache auszudrücken. Es gibt auch Fälle, in denen dies nicht möglich sein wird. Trotzdem bin ich davon überzeugt, dass es für den Spracherwerb des Kindes am besten ist, wenn die sprachlichen Anregungen in der Regel aus einer Sprache stammen. Sprachmischungen stellen keine 'richtigen' sprachlichen Anregungen dar und können bei der Differenzierung zwischen den Sprachen zu Verwirrungen führen. Das Kind kann dann nicht unterscheiden, was zur ‚Vater'- und was zur ‚Muttersprache' gehört. Dadurch besteht die Gefahr, dass das Kind eine gemischte Zweisprachigkeit erwirbt.

4. Prinzip: Sorgen Sie dafür, dass jede Sprache Ihrem Kind mit möglichst gleicher Zuwendung, aber auch Gründlichkeit nahe gebracht wird

In den meisten Fällen von mehrsprachiger Erziehung dominiert, wie bereits beschrieben, eine Sprache im sprachlichen Umfeld des Kindes. Sie wird nicht nur von einem Elternteil zu Hause gesprochen, sondern sie ist auch die Sprache, welche die Eltern untereinander verwenden (Familiensprache) und zudem von den meisten Verwandten, Freunden und Nachbarn (Umgebungssprache) gesprochen wird. Deshalb erhält das Kind in dieser Sprache ständig vielfältige Sprachanregungen. Im Gegensatz dazu wird die andere Sprache ‚unterdrückt'. Sie wird nur von einem Elternteil und vielleicht von ein paar wenigen Menschen aus dem Umfeld gesprochen. Die eine Sprache wird somit schnell und meistens ohne größere Probleme erworben, die anderen Sprachen entwickeln sich hingegen langsam und häufig mit großen Verzögerungen. Manchmal, wenn das Kind wenig Kontakt zu Menschen hat, die die schwachen Sprachen sprechen, entwickelt sie sich eine Zeit lang überhaupt nicht weiter. Dann besteht die Gefahr, dass sie auch später nicht gut beherrscht werden.

Auch in der „schwachen Sprache" sind vielfältige Anregungen nötig.

Damit diese Situation nicht eintritt, sollten Sie als Elternteil, der diese Sprache spricht, dafür sorgen, dem Kind während der Sprachentwicklung genügend sprachliche Anregungen in dieser Sprache zu bieten. Wie? Indem Sie Ihrem Kind verschiedene Gelegenheiten anbieten, in denen die schwache Sprache Umgebungssprache wird. Dies können Sie folgendermaßen erreichen:

- **Reisen Sie in das Land, in dem die schwache Sprache gesprochen wird.** Dabei sollten Sie darauf achten, dass Sie nicht mit Freunden zusammen reisen, welche die starke Sprache sprechen. Für die Entwicklung der schwachen Sprache ist es wichtig, dass Ihr Kind sehr viel Zeit mit muttersprachlichen Sprechern („native speakers") der schwachen Sprache zusammen verbringt. Dadurch erhält es erstens die nötigen Sprachanregungen, die ihm helfen, diese Sprache weiter zu entwickeln. Zweitens entsteht die Gelegenheit, in dieser Sprache seine Gedanken und Wünsche zu äußern. Dies ist für das Fortschreiten in seiner Sprachentwicklung unabdingbar.
  Sie werden die Erfahrung machen, dass Ihr Kind innerhalb kurzer Zeit den Sprachcode, den es bislang in seiner Kommunikation mit Ihnen anwendete, wechselt. Es fängt an, mit Ihnen hauptsächlich in seiner schwachen Sprache, jetzt Umgebungssprache, zu sprechen. Sie werden merken, dass es selber Freude hat, diese Sprache zu sprechen.

- **Feiern Sie organisierte Feste und treffen Sie sich mit Menschen, die diese Sprache als Erstsprache beherrschen.** Bestimmt gibt es in der Stadt oder in der Umgebung, in der Sie wohnen, eine Gemeinde Ihrer Landsleute. Versuchen Sie Kontakt zu ihnen aufzunehmen. Nehmen Sie sich Zeit und fahren Sie mit Ihrem Kind hin, wenn dort Feste gefeiert oder Treffen und Konzerte organisiert werden. Es ist auch für Sie, aber vor allem für Ihr Kind wichtig, an solchen Veranstaltungen gemeinsam mit Ihnen teilzunehmen. Dadurch erreichen Sie nicht nur, dass das Kind reichliche Sprachanregungen in Ihrer Sprache erhält. Gleichzeitig werden ihm bei solchen Treffen vielfältige Möglichkeiten geboten, sich in Ihrer Sprache zu äußern und dabei seine erworbenen Kenntnisse anzuwenden. Auf diese Weise wird das Kind merken, wo seine Schwachstellen sind, und lernt gleichzeitig, wie man es richtig macht. Außerdem kann es dadurch verschiedene sozio-kulturelle und emotionale Elemente, die zu Ihrer Sprache gehören, kennen lernen, indem es zuhört, wie die Menschen dort miteinander sprechen oder miteinander umgehen, wie sie feiern, singen, musizieren, tanzen und wie sie ihre Gefühle äußern. Wir wissen, dass diese Elemente mit der Sprache eng verbunden sind. Hinzu kommt, dass das Kind

Die Kultur kennen zu lernen weckt das Interesse und die Freude an der Sprache.

durch diese Besuche zu den speziellen Elementen Ihrer Kultur und Ihrer Sprache eine positive Einstellung gewinnen kann, was schließlich dazu beitragen kann, dass es sich gegenüber Ihrer Kultur und Ihrer Sprache öffnet, sich langsam als Teil dieser Kultur fühlt. Dadurch entwickelt sich auf jeden Fall eine positive Motivation, diese Sprache zu lernen.

Beispiel

Bereits als meine Tochter zwei Jahre alt war, zeigte sie eine Vorliebe für griechische Musik und griechischen Tanz. Sie tanzte ganz glücklich mit mir zu Hause oder bei verschiedenen griechischen Festen im Rhythmus des Syrtaki, ohne dass sie die Schritte genau kannte. Als sie fast vier Jahre alt war, schrieb ich sie in eine Tanzgruppe der griechischen Gemeinde ein, in der sie, zusammen mit anderen Kindern, verschiedene griechische Tänze lernte. Sie ging einmal pro Woche für je zwei Stunden dorthin. Es war für sie jedes Mal etwas ganz Besonderes, und sie hatte großen Spaß dabei. Für den Erwerb ihrer griechischen Sprache war es wichtig, dass sie in diesen zwei Stunden Griechisch hören und sprechen konnte und eine positive Beziehung zu griechischer Musik, zum griechischen Tanz und natürlich zu Griechenland und den Griechen aufbauen konnte. Durch die griechische Musik fand sie Kontakt zu meinen Landsleuten und fühlte sich mit der Zeit als eine von ihnen. Dies bedeutete, dass sie auch die griechische Sprache sprechen wollte. Als sie fünf Jahre alt war, sagte sie mit einem großen Selbstbewusstsein zu Menschen, die sie neu kennen lernte: „Ich bin nicht nur eine Deutsche, sondern auch eine Griechin“.

- **Sie können Kinder auch durch Kinderfeste oder Spielgruppen motivieren, die Sie zusammen mit anderen Müttern oder Vätern aus Ihrem Land organisieren und bei denen nur Kinder eingeladen werden, die Ihre Sprache sprechen.** Dabei sollten Sie darauf achten, dass die Kinder tatsächlich die Zielsprache untereinander sprechen.

Beispiel

Als meine Tochter etwa zwei Jahre alt war, rief ich zusammen mit anderen Müttern aus Griechenland eine Spielgruppe ins Leben, die sich jeden zweiten Freitag traf. Es waren meistens sechs bis acht Kinder, die für vier Stunden miteinander spielten. Das war nicht nur für die Kinder schön, sondern auch für uns. Das Problem, welches immer wieder auftauchte, war aber, dass die Kinder sehr schnell kein Griechisch mehr miteinander sprachen, sondern Deutsch. Dieser Sprachwechsel von der schwachen zur starken Sprache verlief unbewusst für sie. Wir mussten uns deswegen etwas Kreatives einfallen lassen, damit sie miteinander Griechisch sprachen. So sangen wir mit den Kindern ein griechisches Lied, bei dem sie etwas spielen mussten, oder wir erzählten und lasen ihnen griechische Märchen vor, um anschließend über den Inhalt des Märchens auf Griechisch zu sprechen. Die Spielregel, die wir einhalten wollten, war: „Wir sprechen Griechisch“.

Es gibt natürlich auch eine Reihe von anderen Möglichkeiten, Ihrem Kind bei seiner mehrsprachigen Sprachentwicklung zu helfen, jede seiner Sprachen zu erwerben. Wie beim einsprachigen Spracherwerb, so ist auch beim mehrsprachigen zu empfehlen:

Bilderbücher bieten viele Anregungen zum Erlernen einer Sprache.

- **Sehen Sie gemeinsam mit dem Kind Bilderbücher an.** In den ersten zwei Jahren sollten Sie Bilderbücher wählen, die einfach strukturiert sind und anhand von großen und klaren Bildern die Begriffsbildung fördern. Benennen Sie immer wieder Dinge oder Tätigkeiten, die die Personen auf den Bildern ausführen. Fordern Sie gleichzeitig Ihr Kind auf, Ihnen den einen oder anderen Gegenstand zu zeigen. Fragen Sie z. B.: „Wo ist die Zahnbürste?“, oder „Wo spielen die Kinder Fußball?“ Verlangen Sie aber von Ihrem Kind erst nach einiger Zeit, selbst aktiv zu werden und die Sachen bzw. Tätigkeiten zu benennen. Dies wird ganz von alleine kommen, wenn das Kind in seiner Entwicklung soweit ist. Zuerst braucht es von Ihnen die sprachlichen Anregungen; erst später wird es das Verlangen haben, seine passiven Kenntnisse auszuprobieren. Wenn es bei der Benen-

nung Begriffe aus seinen anderen Sprachen verwendet, ist das kein Grund zur Sorge. Wir haben gesehen, dass die Differenzierung zwischen den Sprachen in den ersten zwei Jahren noch nicht abgeschlossen ist. Benennen Sie den Gegenstand noch einmal richtig. Zwingen Sie aber das Kind nicht, dies gleich zu wiederholen.
Wichtig ist, dass Ihr Partner oder Ihre Partnerin die gleichen Bilderbücher mit dem Kind anschaut und bespricht. Dadurch soll erreicht werden, dass der Wortschatz in jeder Sprache gleichzeitig gefördert und aufgebaut wird. Allerdings ist am Anfang der Sprachentwicklung zu empfehlen, dass sich nicht die ganze Familie gleichzeitig ein Bilderbuch zusammen anschaut. Für die Begriffsbildung des Kindes ist es wichtig, dass die Begriffe getrennt, doch parallel angeboten werden. Später kann man verschiede Wortschatzspiele zu dritt spielen.

- **Lesen Sie Ihrem Kind Märchen und Geschichten vor.** Auch hier gilt: Wählen Sie Kinderbücher, deren Struktur und Illustrationen einfach und klar sind. Empfehlenswert sind Bilderbücher, die den Text der Geschichte in zwei Sprachen enthalten (eine Liste solcher Bilderbücher finden Sie im Anhang). Diese Vorgehensweise ist zu empfehlen, weil jeder Elternteil dieselbe Geschichte in seiner Sprache dem Kind vorlesen kann, wodurch der Wortschatz in beiden Sprachen gleichermaßen gefördert wird. Ich rate aber davon ab, die Geschichte gleichzeitig in beiden Sprachen vorzulesen. Tun Sie es im zeitlichen Abstand von mehreren Stunden.
  Dass in einem Buch beide Sprachen zu lesen sind, wird außerdem von Kindern unbewusst dahingehend interpretiert, dass sie beide gleich wertvoll sind – und dieses beeinflusst positiv ihre Einstellung zu beiden Sprachen.

- **Lassen Sie Ihr Kind Lieder hören oder singen Sie gemeinsam Lieder.** Besorgen Sie CDs mit Kinderliedern in Ihrer Sprache für verschiedene Gelegenheiten, wie z.B. über verschiedene Jahreszeiten, zum Weihnachtsfest, zu Ostern, zum Geburtstag oder über die Faschingszeit. Ihr Kind kann die Lieder zu Hause beim Spielen oder auch beim Autofahren hören. In der Regel bereitet es ihm größeren Spaß, wenn Sie mit ihm gemeinsam singen (siehe Serviceteil).

- **Lassen Sie Ihr Kind Kinderfilme auf Video, DVD oder im Fernsehen sehen.** Zwei Gesichtspunkte sind hierbei zu beachten: Sie sollten vorher die Eignung der Filme überprüfen. Außerdem sollte Ihr Kind nicht viele Stunden vor dem Fernseher sitzen. Am schönsten ist es für Ihr Kind, wenn Sie sich die Zeit nehmen und zusammen mit ihm den Film anschauen. Dadurch erlebt es Geborgenheit und Sicherheit und verbindet Ihre Sprache mit diesen positiven Gefühlen. Anschließend können Sie sich über den Film unterhalten. Dabei kann das Kind seine Gedanken und seine Gefühle zum Gesehenen äußern (z.B. was ihm am meisten im Film gefallen oder überhaupt nicht gefallen hat). Dies fördert nicht nur seine Sprach-, sondern auch seine Denk- und emotionale Entwicklung.

Es gibt auch zweisprachige Kinderbücher.

5. Prinzip: Vermitteln Sie Ihrem Kind eine positive Einstellung zu seiner Mehrsprachigkeit

Es ist wichtig, dass Ihr Kind seine Mehrsprachigkeit positiv empfindet, in dem Sinne, dass es merkt, es kann etwas, was die anderen nicht können; es hat ihnen etwas voraus.

Wir haben bereits gesehen, dass Gefühle, die das mehrsprachige Kind zu all seinen Sprachen hat, nicht nur den Spracherwerb, sondern auch seine emotionale Entwicklung beeinflussen. Wenn das Kind es als vorteilhaft und auch als „toll" empfindet, von seiner Umgebung bewundert zu werden, weil es mehrere Sprachen sprechen kann, wird es sich auch besser mit den Kulturen, die seine Sprachen repräsentieren, auseinandersetzen können. Es wird damit psychisch nicht belastet und entwickelt Strategien, wie es die unterschiedlichen Elemente der Kulturen am besten in sein Denken integrieren kann. Dadurch wird es sich in all seinen Kulturen zurechtfinden, langsam sein eigenes Selbstbild entwickeln und seine eigene Identität aufbauen.

Eine positive Haltung zur Mehrsprachigkeit stärkt die Identität.

Das alles kann aber nicht erreicht werden, wenn sich Ihr mehrsprachiges Kind für eine seiner Sprachen schämt. Solche negativen Gefühle können zu einer Sprachverweigerung und mit Sicherheit auch zu psychischen Belastungen führen. Das Kind wird dann versuchen, diese Sprache vor anderen Kindern oder auch vor Erwachsenen nicht mehr zu sprechen. Dies blockiert natürlich die Spracherwerbsprozesse und führt zu einer Verzögerung der Sprachentwicklung.

Beispiel

Eine griechische Mutter, die ihren Sohn von Geburt an zweisprachig erzog, erzählte mir, dass er bis zu seinem dritten Lebensjahr keine Schwierigkeiten hatte, beide Sprachen zu sprechen. Nachdem er in den Kindergarten gekommen war, weigerte er sich plötzlich, mit ihr Griechisch zu sprechen. Er wollte, dass auch sie kein Wort Griechisch mit ihm vor anderen Kindern sprach. Ein paar Monate später wollte er auch zu Hause kein Griechisch mehr sprechen. „Warum können wir nicht Deutsch sprechen, so wie alle anderen Kinder?", sagte er immer wieder. Anscheinend erlebte es der Junge im Kindergarten als etwas Negatives, dass er auch Grieche war. Er wollte vor den anderen Kindern aber nicht negativ auffallen und lehnte deshalb die griechische Sprache ab, weil er glaubte, dass sie ihn von den anderen auf negative Weise unterschied.

Solche Beispiele sind unter den Kindern häufig zu finden, deren zweite Sprache von der Mehrheitsgesellschaft nicht positiv geschätzt wird bzw. nicht als gleichwertig mit der Umgebungssprache angesehen wird. Selten tritt eine Sprachverweigerung bei mehrsprachigen Kindern auf, die Sprachen erwerben, die in ihrer Umgebung anerkannt sind und als vorteilhaft empfunden werden. Das Sprachprestige spielt bei der Sprachentwicklung eine ganz entscheidende Rolle.

Was kann man tun, um Sprachverweigerung bei Kindern zu vermeiden?

Zusammen mit Ihrem Partner bzw. Ihrer Partnerin sind Sie diejenigen, die am intensivsten und am wirksamsten – sowohl präventiv als auch akut – helfen können.

Tipp

→ *Die wichtigste Voraussetzung eine Sprachverweigerung bei Ihrem Kind zu vermeiden ist, dass Sie beide eine positive Einstellung zu jeder der Sprachen Ihres Kindes, zu den Menschen, die diese Sprachen sprechen, und auch zu den Kulturen, die sie repräsentieren, haben. Nur wenn Sie beide überzeugt sind, dass alle Sprachen gleichwertig sind, dass es für Ihr Kind von Vorteil ist, wenn es diese Sprachen beherrscht, können Sie auch ihm diese Einstellungen vermitteln.*

Die Erziehung zu positiven Gefühlen gegenüber allen betreffenden Sprachen bildet den Kern einer mehrsprachigen Erziehung. Sie fängt bereits während der Schwangerschaft an und hört im Prinzip nie auf. Ihr Kind muss sehr früh und immer wieder von Ihnen erfahren, dass all seine Sprachen gleich wertvoll und wichtig sind. Und sagen Sie es ihm nicht nur. Erfahren heißt hauptsächlich Erleben. Durch schöne und angenehme Erlebnisse mit Ihnen und mit Personen, die diese Sprachen sprechen, wird Ihr Kind mit der Zeit positive Gefühle entwickeln, die zu positiven Einstellungen gegenüber diesen Sprachen führen werden. Auf den vorangegangenen Seiten habe ich Ihnen einige Alternativen vorgestellt, die Ihnen Wege zum Praktizieren dieser Gedanken zeigen.

Wenn sich Ihr Kind auf einmal weigert, vor anderen Ihre Sprache zu sprechen oder zu hören, versuchen Sie, ruhig zu reagieren (Kielhöfer / Jonekeit 2002). Sie sollten auf keinem Fall Druck ausüben, sondern zunächst versuchen, auf seine Wünsche einzugehen und das Kind zu verstehen. So könnten Sie es vorerst vor seinen Freunden im Kindergarten nicht mehr in Ihrer Sprache ansprechen. Alle Erwachsenen aus dem Umfeld des Kindes können ihm helfen, mit dieser psychischen Belastung zurechtzukommen. Sie aber sind als Bezugsperson der ‚Koordinator'. Ihr

Kind braucht jetzt Unterstützung beim Aufbauen positiver Gefühle zu seinen ‚schwachen' Sprachen. Es soll durch Erlebnisse erfahren, wie wichtig, aber auch wie wertvoll die Beherrschung dieser Sprachen ist. Es soll sehr häufig erleben, wie schön und angenehm es ist, mit Menschen zusammen zu sein, die diese Sprachen sprechen, wie schön es sein kann, mit ihnen zusammen zu singen, zu tanzen und zu feiern. Wie jeder andere langwierige Prozess braucht auch dieser seine Zeit. Deshalb sollten Sie Geduld und Ausdauer mitbringen. Glauben Sie mir, es lohnt sich. Die Belohnung wird groß, wenn Sie eines Tages hören, wie Ihr Kind wieder in Ihrer Sprache mit Ihnen oder mit anderen spricht – und das ist schließlich das Ziel Ihrer Bemühungen. Ihr Kind sollte sich in all seinen Sprachen ausdrücken können, in all seinen Sprachen zu Hause sein.

Weigert sich ein Kind, seine „schwachen" Sprachen zu sprechen, ist Geduld gefragt.

Druck durch die Eltern hilft nicht, wenn Kinder sich weigern, die Sprache eines Elternteils zu sprechen.

Serviceteil

Glossar

Additive Mehrsprachigkeit liegt vor, wenn die Mehrsprachigkeit einen positiven Einfluss auf die Gesamtentwicklung des Kindes ausübt.

äquivalent: gleichwertig

akut: momentan

Balancierte Mehrsprachigkeit liegt bei einem Mehrsprachigen vor, wenn alle seine Sprachen gleich gut entwickelt sind.

bilingual: zweisprachig

Bilingualismus: Zweisprachigkeit

Code-Switching oder Kodewechsel ist das unbewusste Umschalten der Zweisprachigen von einer Sprache in die andere, ohne Vermischungen der Sprachen.

Disposition: Anlage, Empfänglichkeit für das Auftreten einer Auffälligkeit

dominante Sprache: siehe starke Sprache

Dominierte Mehrsprachigkeit liegt bei einem Mehrsprachigen vor, wenn sich eine seiner Sprachen normal entwickelt, während die anderen zurückbleiben.

doppelte Halbsprachigkeit: siehe Semilingualismus

Dysgrammatismus: Sprachstörung im Kindesalter. Das Kind formuliert seine Gedanken durch grammatisch falsch gebildete Sätze.

emotionale Entwicklung: Entfaltung (Ausdifferenzierung) der Gefühle des Kindes

Erstsprache ist die Sprache, die ein Mensch in den ersten drei Jahren seines Lebens erwirbt. Sie steht im Zusammenhang mit seiner Gesamtentwicklung.

Familiensprache wird von allen Familienmitgliedern gesprochen. Familiensprache ist bei einer gemischtsprachigen Ehe die Sprache, die die Eltern miteinander sprechen.

Interferenzen sind interne Umstrukturierungen und Veränderungen der Sprache, die durch Überlagerungen von Elementen der betreffenden Sprachen hervorgerufen werden.

Intonation / Prosodie: Satzmelodie einer Sprache

Kodewechsel: siehe „Code-Switching“ oder „Umschalten“

Koordinierte Mehrsprachigkeit liegt vor, wenn Wörter und zugeordnete Bedeutungen getrennt erworben und gespeichert werden.

kognitive Entwicklung: Denkentwicklung

korrespondierendes Wortpaar: Wörter, die in zwei Sprachen die gleiche Bedeutung haben

Kulturelle Mehrsprachigkeit: Die zweite oder dritte Sprache wird systematisch, durch formalen Unterricht erlernt.

linguistisch: sprachlich

Mischsprache: siehe Sprachmischungen

Multiplikator: Vervielfacher

Muttersprache: Sprache, die das Kind von Geburt an erlernt. Mit dem Begriff „Muttersprache" ist bei einer mehrsprachigen Erziehung die Sprache gemeint, die die Mutter mit dem Kind spricht.

Native speakers / muttersprachliche Sprecher: Sprecher, die eine bestimmte Sprache als Muttersprache bzw. Erstsprache erworben haben und sie in ihrem täglichen Leben anwenden

Natürliche Mehrsprachigkeit: Sie liegt vor, wenn die zweite oder dritte Sprache, durch den alltäglichen Umgang mit muttersprachlichen Personen in der natürlichen Umgebung, zusätzlich zur Muttersprache erworben wird.

Phonem: Laut

phonologisches System: Lautsystem einer Sprache

präventiv: vorbeugend

Prosodie: Dauer, Betonung und Satzmelodie einer Sprache

schwache Sprache: eine der Sprachen von Mehrsprachigen, die sie selten verwenden und nicht gut beherrschen

Schwellenhypothese: Die Entwicklung eines zweisprachigen Kindes hängt vom Entwicklungsniveau seiner beiden Sprachen ab.

semantisches System: Sprachebene, die sich auf die Wort- und Satzbedeutungen einer Sprache bezieht

Semilingualismus oder doppelte Halbsprachigkeit liegt bei mehrsprachigen Kindern vor, wenn keine ihrer Sprachen altersgemäß entwickelt ist.

Sensomotorische Entwicklung ist die Entwicklung der Bewegungsfähigkeit, die durch Tasten, Sehen, Hören und Fühlen veranlasst wird.

Simultane Mehrsprachigkeit: Sie liegt vor, wenn der Mehrsprachige alle seine Sprachen gleichzeitig von Geburt an oder spätestens bis zu seinem dritten Lebensjahr erworben hat.

Sozialisierung: Hineinwachsen in gesellschaftliche Rollen

Sprachentwicklungsstörung: Wenn ein Kind über einen begrenzten Wortschatz verfügt, fehlerhafte Sätze bildet und eine undeutliche Aussprache hat, liegt eine Sprachentwicklungsstörung vor.

Sprachkompetenz: sprachliche Fähigkeit

sprachliche Anregungen /sprachliche Umwelt / sprachliches Input oder Sprachinput: sprachliche Äußerungen, mit denen das Kind von Menschen aus seiner Umgebung täglich konfrontiert wird

Sprachmischungen: Sie kommen beim Sprechen von Mehrsprachigen vor, wenn Wörter oder Satzteile der einen Sprache in die andere Sprache innerhalb einer Äußerung eingeflickt werden.

Stammeln bezeichnet eine Sprachstörung, bei der die Aussprache betroffen ist.

Starke / dominante Sprache ist diejenige Sprache von mehrsprachigen Personen, die sie am besten beherrschen und am meisten verwenden.

Stottern ist eine Sprachstörung, bei der der Sprachrhythmus betroffen ist.

Subtraktive Mehrsprachigkeit liegt vor, wenn sich Mehrsprachigkeit negativ auf die Gesamtentwicklung eines Kindes auswirkt.

Sukzessive Mehrsprachigkeit liegt vor, wenn der Erwerb einer zweiten oder dritten Sprache in einem Alter erfolgt, in dem die Erstsprache schon einigermaßen etabliert ist, also nach dem dritten Lebensjahr.

Tempus: Zeit

Umgebungssprache ist bei einer mehrsprachigen Erziehung die Sprache, die außerhalb der Familie von den meisten Menschen gesprochen wird.

Umschalten: siehe „Code-Switching“ / „Kodewechsel“

Untergeordnete Mehrsprachigkeit liegt vor, wenn die Bedeutungseinheiten in allen betreffenden Sprachen vollständig identisch sind. Diese werden aus der Erstsprache übernommen; statt des muttersprachlichen Wortes wird dann lediglich das äquivalente Wort der zweiten oder dritten Sprache erworben.

Vokabular: Wortschatz

Zweitsprache: die Sprache, die eine Person erlernt, nachdem der Erwerb ihrer Erstsprache angefangen bzw. abgeschlossen ist

Zwei- oder mehrsprachige Sprachentwicklung liegt bei Kindern vor, die von Geburt an oder spätestens bis zu ihrem dritten Lebensjahr mit zwei oder mehr Sprachen aufwachsen.

Zweitspracherwerb liegt vor, wenn die Zweit- oder Drittsprache nach dem dritten Lebensjahr erworben wird.

Literatur

Fachliteratur

Baker, C. (1993): Foundations of Bilingual Education and Bilingualism. Multilingual Matters Ltd. Clevedon Philadelphia-Adelaide

Chilla, S., Rothweiler M., Babur, E. (2010): Kindliche Mehrsprachigkeit. Grundlagen – Störungen – Diagnostik. Ernst Reinhardt, München / Basel

Fox, A., Gross I., Schauß-Kolecki, K. (2005): Kindliche Aussprachstörungen. Ein Ratgeber für Eltern, Erzieher, Therapeuten und Ärzte. Schulz-Kirchner, Idstein

Friederici, A. D. (2011): Neuropsychologische Grundlagen der Sprachentwicklung. In: https://www.ifp.bayern.de/veranstaltungen/fachkongress2011.html, 1.8.2011

Fthenakis, W. E., Sonner, A., Thrul, R., Walbiner, W. (Hrsg.) (1985): Bilingual-bikulturelle Entwicklung des Kindes. Ein Handbuch für Psychologen, Pädagogen und Linguisten. Staatsinstitut für Frühpädagogik. Hueber, München

Grimm, H. (2003): Störungen der Sprachentwicklung. 2. Aufl. Hogrefe, Göttingen

Grosjean, F. (1982): Life with two Languages. Harvard University Press, Harvard

Meisel, J. A. (2011): Zur Entwicklung von Mehrsprachigkeit. In: https://www.ifp.bayern.de/veranstaltungen/fachkongress2011.html, 1.8.2011

Müller, N., Kupisch T., Schmitz, K., Cantone, K. (2006): Einführung in die Mehrsprachigkeitsforschung. Narr, Tübingen

Kieferle, C. (2011): Sprachstörungen und Mehrsprachigkeit. In: Reichert-Garschhammer, E., Kieferle, Chr. (Hrsg.): Sprachliche Bildung in Kindertageseinrichtungen. Herder, Freiburg, 73 – 75

Kielhöfer, B., Jönekeit, S. (2002): Zweisprachige Kindererziehung. 11. Aufl. Stauffenburg, Tübingen

Kreutzmann, S., Hecking, M. (2011): Frühe Diagnostik bei mehrsprachigen Late Talkern. Forum Logopädie 25, 14 – 19

Rothweiler, M. (2006): Spezifische Sprachentwicklungsstörungen und kindlicher Zweisprachigkeit. In: Bahr / Iven: Sprache, Emotion, Bewusstheit. Das Gesundheitsforum, Köln, 154 – 162

Saunders, G. (1982): Bilingual Children: Guidance for the Family. Multilingual Matters, Clevedon

Tracy, R. (1996): Vom Ganzen und seinen Teilen: Überlegungen zum doppelten Erstspracherwerb. Sprache & Kognition 1 – 2, 70 – 92

Triarchi, V. (1983): Sprachstandserfassung bei griechischen Kindern in verschieden konzipierten, bayerischen Einrichtungen. Ladewig, München

Triarchi-Herrmann, V. (2000): Die Zweisprachigkeit im Kindesalter. Gutenberg, Athen

Triarchi-Herrmann, V. (2007): Sprachdiagnostik bei Mehrsprachig Aufwachsenden Kindern. Sprache – Stimme – Gehör 4, 151 – 156

Triarchi-Herrmann, V. (2009): Zur Förderung und Therapie der Sprache bei Mehrsprachigkeit. Spektrum Patholinguistik 2, 31 – 50

Tsakmaki, V. (2007): Vergleich der Sprachentwicklung von mono- und bilingual aufwachsenden griechischen Kindern mit dem SETK-2, Magisterarbeit am Institut für Sprachheilpädagogik, Ludwig-Maximilians-Universität München

Volterra, V., Taeschner, T. (1978): The Acquisition and the Development of Language by Bilingual Children, Journal of Child Language 5, 311 – 326

Wendlandt, W. (1995): Sprachstörungen im Kindesalter. 2. Aufl. Thieme, Stuttgart

Literatur zum Weiterlesen

Baker, C. (2007): Zweisprachigkeit zu Hause und in der Schule. Ein Handbuch für Erziehende. Verlag auf dem Ruffel, Engelschoff

Behörde für Bildung und Sport (Hrsg.) (2002): Sprachförderung für Vorschulkinder. Ein Ratgeber für Eltern. Hamburg

Leist-Villis, A. (2008): Elternratgeber Zweisprachigkeit. Informationen & Tipps zur zweisprachigen Entwicklung und Erziehung von Kindern. Stauffenburg, Tübingen

Montanari, E. (2003): Mit zwei Sprachen groß werden. Mehrsprachige Erziehung in Familie, Kindergarten und Schule. Kösel, München

Nodari, Cl., DeRosa, R. (2005): Mehrsprachige Kinder. Ein Ratgeber für Eltern und andere Bezugspersonen. Haupt, Stuttgart / Bern

Arbeitsbücher zur mehrsprachigen Sprachförderung

Ulich, M., Oberhuemer, P. (Hrsg.) (1994): Es war einmal, es war keinmal ... Ein multikulturelles Lese- und Arbeitsbuch. 4. Aufl. Beltz Weinheim / Basel,

Ulich, M., Oberhuemer, P. (Hrsg.) (1995): Der Fuchs geht um ... auch anderswo – Ein multikulturelles Spiel- und Arbeitsbuch. 5. Aufl. Beltz, Weinheim / Basel

Ulich, M., Oberhuemer, P., Soltendieck, M. (2005): Die Welt trifft sich im Kindergarten. 2. Aufl. Beltz, Weinheim / Basel

Zwei-, mehr- und anderssprachige Kinderbücher

Barkow, H., Brazell, D. (2001): That's my mum / Das ist meine Mama. Mantra Lingua, London (Englisch-Deutsch, -Arabisch, -Chinesisch, -Italienisch, -Farsi, -Türkisch, -Somali, – Portugiesisch u.v.m. Mit CD)

Barkow, H., Dry, R. (2002): The Pied Piper / Der Rattenfänger von Hameln. Mantra Lingua, London (Englisch-Deutsch, -Russisch, -Albanisch, -Arabisch, -Bengalisch, -Chinesisch, -Tschechisch, -Farsi, -Französisch, -Gujarati, -Hindi, -Italienisch, -Panjabi, -Polnisch, -Portugiesisch, -Serbokroatisch, -Somalisch, -Spanisch, -Tamilisch, -Türkisch, -Urdu, -Vietnamesisch. Auch als CD)

Barkow, H., Garson, S. (2003): Alfie's Angels / Alfies Engel. Mantra Lingua, London (Englisch-Deutsch, -Albanisch, -Arabisch, -Tschechisch, -Japanisch, -Koreanisch, -Polnisch, -Serbokroatisch, -Türkisch u.v.m. Mit CD)

Baumgart, K. (2004): Lauras Stern. Baumhaus Verlag, Köln (Türkisch, Englisch)

Beer, H. de (2005): Kleiner Eisbär, kennst du den Weg? Nord-Süd, Hamburg (Deutsch-Türkisch)

Beer, H. de (2005): Kleiner Eisbär, wohin fährst du? Nord-Süd, Hamburg (Deutsch-Türkisch)

Carle, E. (2008): Die kleine Raupe Nimmersatt. Gerstenberg, Hildesheim (in mehrere Sprachen übersetzt)

Hammer, S., Schlieker, G. D., (2005): Arthur und Anton. Mit Hör-CD. Edition bi:libri, München (Deutsch, Englisch, Italienisch, Griechisch, Türkisch, Französisch)

Hüsler, S. (2009): Kinderverse aus vielen Ländern. Al fin Serafin (mit DVD). Lambertus, Freiburg / Zürich

Hüsler, S. (2009): Wer hilft dem Osterhasen. Ein interkulturelles Bilderbuch. Lehrmittelverlag, Zürich (zusätzlich ist eine Audio-CD mit der Geschichte in zwölf Sprachen erhältlich)

Hüsler, S. (2007): Besuch vom kleinen Wolf. Eine Geschichte in acht Sprachen. Lehrmittelverlag, Zürich (Deutsch, Französisch, Italienisch, Albanisch, Portugiesisch, Serbisch, Tamilisch, Türkisch)

Hüsler-Vogt, S. (2007): Tres tristes tigres / Drei traurige Tiger, Geschichten, Verse und Spiele für die mehrsprachige Gruppe. Lambertus, Freiburg / Zürich (Französisch-Deutsch)

Hüsler, S., Blickenstorfer-Milovi'c, R. (2002): Märchen überleben. Märchen in slowenischer, bosnischer, albanischer, kroatischer, serbischer und deutscher Sprache. 3. Aufl. Pestalozzianum, Zürich

Hüsler, S., Stäuli, B. (2000): Mir Zoro. Ein kurdisches Märchen. Mit zweisprachiger CD. Pestalozzianum, Zürich (Kurdisch-Deutsch)

Janosch (1998): Oh, wie schön ist Panama. Beltz & Gelberg, Weinheim (Deutsch-Türkisch)

Mills, D., Crouth, J. (2003): The Wibbly Wobbly Tooth / Der Wackelzahn. Mantra Lingua, London (Englisch-Deutsch, -Albanisch, -Arabisch, -Bengalisch, -Chinesisch, -Tschechisch, -Farsi, -Französisch, -Gujarati, -Hindi, -Italienisch, -Koreanisch, -Panjabi, -Polnisch, -Portugiesisch, -Russisch, -Serbokroatisch, -Somalisch, -Spanisch, -Tamilisch, -Türkisch, -Urdu, -Vietnamesisch. Auch als CD)

Websites zum Thema Mehrsprachigkeit

(Stand: Juli 2011)

Mehrsprachige Kinderbücher und Hörbücher, Märchen und Geschichten

www.edition-lingua-mundi.com – mehrsprachige Bücher (arabisch, englisch, griechisch, türkisch, kroatisch, französisch, spanisch, italienisch, polnisch)

www.edition-lingua-mundi.com/PDF/Mehrsprachige_Bilderbuecher.pdf – eine Auswahl von mehrsprachigen Büchern für Kinder von 3–8 Jahren

www.school-scout.de/verlage/khorshid-verlag – mehrsprachige Bücher (englisch, persisch, französisch)

www.edition-bilibri.com/verlag.html – zwei- und mehrsprachige Bücher für Kinder im Vor- und Grundschulalter, Hinweise und Tipps für Fach- und Lehrkräfte

www.anadolu-verlag.de – zweisprachige Kinderbücher (Deutsch-Türkisch, Deutsch-Russisch, Deutsch-Englisch), Kinder- und Schulbücher in türkischer Sprache

www.edition-orient.de – zweisprachige Kinderbücher (deutsch-arabisch, deutsch-türkisch, deutsch-persisch)

www.ibambiboo.de – Online-Shop für internationale Kinderbücher, mehrsprachige Sachgeschichten für Vorschul- und Grundschulkinder

www.talisa-verlag.de – bilinguale Bücher (Türkisch, Spanisch, Russisch, Englisch)

www.oenel.com – zweisprachige Bücher für den Schul- und Erziehungsprozess

www.hoerjuwel.de – Hörbücher in verschiedenen Sprachen (Englisch, Spanisch, Italienisch, Französisch, Russisch)

www.buch-mehrsprachig.at – zweisprachige Kinderbücher (deutsch-albanisch, deutsch-türkisch)

www.mein-büchergarten.de – Online-Kinderbuchhandlung mit zweisprachigen (englisch-deutschen) Kinderbüchern

www.lernkrimi.de – Lernkrimis für Kinder und Erwachsene als Buch oder Hörbuch, in vielen Sprachen

www.zeno.org/märchen – Sammlung von Märchen, Sagen und Geschichten aus Deutschland, Europa und der ganzen Welt

www.lehrmittelverlag.com – mehrsprachiges Material, oft mit Hör-CD (Bilderbücher und Geschichten, Sprachposter) in bis zu elf Sprachen, Lehrmittelverlag des Kantons Zürich

www.olms.de/junior/ – bilinguale Bilderbücher mit zweisprachigem Bildwörterbuch, mehrsprachige Sachgeschichten für Kinder in Kindergarten- und Grundschulalter

www.litprom.de/empfehlungsliste.html – Liste mit mehrsprachigen bzw. zweisprachigen Büchern, Lehr- und Spielmaterial für den Unterricht und speziellen Angeboten für LehrerInnen, ErzieherInnen und SprachhelferInnen

www.litprom.de/buecherkiste.html – Medienkiste zum Thema „**Lesestoff aus fernen Ländern**“ mit Büchern, Spielen und CDs für verschiedene Altersstufen für den Unterricht

Mehrsprachige Verse, Lieder und Spiele

www.silviahuesler.ch – verschiedensprachige Verse und Lieder

www.uni-due.de/esf/kinder/seiten/s00110.html – türkische Lieder, Reime und Spiele für den Kindergarten

www.buchstart-hamburg.de/zuhause-kinderreime-international.php – Verse in verschiedenen Sprachen: Deutsch, Türkisch, Polnisch, Rumänisch, Russisch, Englisch, Französisch

www.goethe.de/lhr/mat//ffl/grd/lrn/de5023774.htm – Geburtstagslieder in 20 verschiedenen Sprachen

www.labbe.de/zzzebra/index.asp – Spiele aus aller Welt

Allgemeine Informationen zur zwei- und mehrsprachigen Erziehung

www.bilingual-erziehen.de – Antworten von betroffenen Eltern auf Fragen, Anregungen und Tipps zur mehrsprachigen Erziehung

www.ifp.bayern.de/materialien/elternbriefe.html – Elternbrief zum Thema „Wie lernt mein Kind zwei Sprachen?“, übersetzt in 17 Sprachen

www.fmks-online.de/lernmedien1.html – Verein für frühe Mehrsprachigkeit an Kindertageseinrichtungen und Schulen FMKS e.V. Kiel, Informationen rund um die Mehrsprachigkeit

www.mehrsprachig.info – Informationen zur Mehrsprachigkeit, auch in italienischer und englischer Sprache

www.zweisprachigkeit.net/leist-villis.htm – Informationen, Antworten auf Fragen zur mehrsprachigen Erziehung

www.multilingual-matters.com – umfangreiche Lektürelisten zum Thema mehrsprachige Erziehung

www.zsm.uni-koeln.de/seminare-zur-mehrsprachigen-erziehung-3 – Mehrere Beiträge zum Thema Mehrsprachigkeit von Claudia M. Riehl, u.a. „Das mehrsprachige Gehirn“

www.erzieherin.de/family-literacy-mehrsprachigkeit-foerdern.php – Artikel zur Förderung der Mehrsprachigkeit

www.leo-lingo.de – Sprachcamps für Kinder in Englisch, Französisch und Spanisch in Bayern, Hamburg, Mecklenburg-Vorpommern

Beratungsstellen für Eltern mehrsprachiger Kinder

Beratung zur mehrsprachigen Erziehung am Forschungsinstitut und Beratungsstelle für Sprachrehabilitation (FBS) der Ludwig-Maximilians-Universität in München:
LMU München, Beratungsstelle für Mehrsprachigkeit, Leopoldstraße 13, 80802 München
Tel.: 089–21 80 55 96
E-Mail: LMU.Beratungsstelle@gmx.de
www.paed.uni-muenchen.de/~sbp/msk2/mehrsprachigkeit.html

Beratung für mehrsprachige Menschen an der Universität zu Köln:
Forschungsinstitut und Beratungsstelle für Sprachrehabilitation (FBS), Universität zu Köln
Humanwissenschaftliche Fakultät, Department Heilpädagogik und Rehabilitation, Klosterstraße 79b, 50931 Köln
Tel.: 0221–470 5510
E-Mail: hf-dekanat@uni-koeln.de
www.hf.uni-koeln.de / 34106

Verband binationaler Familien und Partnerschaften: Beratungen zum Thema Mehrsprachigkeit in vielen deutschen Städten:
Verband binationaler Familien und Partnerschaften, iaf e.V
Bundesgeschäftsstelle, Ludolfusstraße 2–4, 60487 Frankfurt / M.
Tel.: 069–71 37 56-0
E-Mail: info@verband-binationaler.de
www.verband-binationaler.de

Mehrsprachige Kinderbetreuung – Online-Portal für die Vermittlung von Babysittern, Tagesmüttern und Haushaltshilfen unterschiedlicher Muttersprachen:
Bilingi
E-Mail: info@bilingi.de
www.bilingi.de

Verein für frühe Mehrsprachigkeit an Kindertageseinrichtungen und Schulen FMKS e.V.:
Steenbeker Weg 81, 24106 Kiel
Tel.: 0431 -389 04 79
E-Mail: fmks@fmks.eu
www.fmks-online.de

Bibliografische Information der Deutschen Nationalbibliothek
Die Deutsche Nationalbibliothek verzeichnet diese Publikation in der Deutschen Nationalbibliografie; detaillierte bibliografische Daten sind im Internet über <https://dnb.d-nb.de> abrufbar.
ISBN 978-3-497-02272-4 (Print)
ISBN 978-3-497-60041-0 (E-Book)
ISSN 0720-8707
3., überarbeitete Auflage

Printed in Germany
Cover unter Verwendung eines Fotos von © Aramanda – fotolia.com
Satz: Arnold & Domnick, Leipzig

Bildquelleninnenteil:
S. 3: ©Aramanda-Fotolia.com, **S. 10/11:** ©cynoclub – Fotolia.com, **S. 21:** ©Kablonk Micro – Fotolia.com, **S. 29:** ©Paul Hakimata – Fotolia.com, **S. 37:** ©Patricia Hofmeester – Fotolia.com, **S. 40, 76, 98:** ©2002 copyright Image 100 Ldt. **S. 46/47, 103, 131:** ©Monart Design – Fotolia.com, **S. 52:** ©farbkombinat – Fotolia.com, **S. 78/79, 86:** ©Jasmin Merdan – Fotolia.com, **S. 82:** ©Markus Bormann – Fotolia.com, **S. 95:** ©Digitalpress – Fotolia.com., **S. 100/101, 142:** ©Claudia Paulussen – Fotolia.com, **S. 107, 120/121:** ©lu-photo – Fotolia.com, **S. 118:** ©Christian Schwier – Fotolia.com, **S. 138:** ©Fotofreundin – Fotolia.com, **S. 143:** ©lunamarina – Fotolia.com

Ernst Reinhardt Verlag, Kemnatenstr. 46, D-80639 München
Net: www.reinhardt-verlag.de E-Mail: info@reinhardt-verlag.de